LE RÉFLEXE
D'ADAM

DU MÊME AUTEUR

L'Octobre des Indiens (poésie),
   Éditions du Jour, 1971.
Anna-Belle (roman),
   Éditions du Jour, 1972.
Le Violoneux (roman),
   Cercle du livre de France, 1979.
   (Prix de la Bibliothèque centrale de prêt du Saguenay-Lac-Saint-Jean en 1979)
La mort d'Alexandre (roman),
   VLB Éditeur, 1982.
La légende de Mémots (conte),
   Sagamie/Québec, 1984.
Les Oiseaux de glace (roman),
   Éditions Québec/Amérique, 1987.
   (Prix de la Bibliothèque centrale de prêt du Saguenay-Lac-Saint-Jean en 1987)
L'homme du fjord et la grande fille sauvage (nouvelle), Un lac, un fjord II,
   Éditions JCL, 1995.

YVON PARÉ

LE RÉFLEXE D'ADAM

ESSAI

ÉDITIONS TROIS-PISTOLES

INÉDITS

Éditions Trois-Pistoles
23, rue Pelletier
Trois-Pistoles
G0L 4K0
Téléphone: 418-851-6852
Télécopieur: 418-851-6852

Saisie du texte: Yvon Paré
Conception graphique et montage: Monique Carrier
Révision: Victor-Lévy Beaulieu et Marc Veilleux

Couverture: *L'expulsion du Paradis*, gravure d'Aldegrever

ISBN 2-921898-09-8
Dépôt légal: Bibliothèque nationale du Québec, 1996
Dépôt légal: Bibliothèque nationale du Canada, 1996

« *Comme tous les hommes
chaque jour, que ce soit
pendant seulement quelques
secondes vous devenez un
tueur de femmes. Ça peut se
produire tous les jours.* »
Marguerite Duras

À Danielle, sans qui ce livre
n'aurait jamais vu le jour.

L'HOMME
BLESSÉ

Six décembre 1989, École Polytechnique de Montréal. Des coups de feu m'ont glacé le sang. J'étais touché au cœur par une balle perdue. Marc Lépine chargeait. Quatorze fois, il visait et faisait feu; quatorze fois, une jeune femme, toute tournée vers l'avenir, tombait. La fameuse liste, qu'il avait élaborée minutieusement, me donnait des sueurs froides. Il avait condamné des femmes que je connaissais. Elles auraient pu mourir sous les balles du guérillero. Folie, geste solitaire et isolé, bien sûr, mais on ne comprend rien en écrivant cela. Les médias ont tout dit et rien démontré. Une attaque qui me heurtait dans mon intelligence et ma compréhension. Pendant des jours, je suis resté étourdi. Je cherchais les réactions, me penchais sur les déclarations et je me sentais encore plus mal. Comment un homme en était-il arrivé à vouloir éliminer toutes celles qui étaient visibles dans la société? Il m'a fallu des mois pour essayer de comprendre.

Marc Lépine avait posé un geste politique qui trouve son origine dans une domination historique et sexuelle. Il avait, peut-être, perdu cette certitude d'être l'héritier de droit divin. Il était chassé encore une fois du paradis mais c'était Ève qui lui montrait la brèche dans la clôture. J'ai compris. Marc Lépine avait planifié une tentative de coup d'État, comme dans les pays d'Afrique ou d'Amérique du Sud. Il voulait écraser trente ans de revendications, culbuter la Révolution tranquille et juguler l'affirmation des femmes. Une balle dans l'intelligence et la pensée comme dans ces pays où les colonels décident de la raison et du bien commun.

Au-delà du crime sordide, cette attaque montrait que les femmes ne sont toujours pas libres de leurs émotions et de leurs amours, de leur sexualité et de leurs ruptures. Dans le piège amoureux, malgré le questionnement féministe et la réflexion de beaucoup d'hommes, un partenaire exproprie le corps de l'autre, lui nie toute autonomie physique, psychologique et intellectuelle. Les vendettas conjugales illustrent la domination exercée par les hommes sur les femmes depuis des millénaires. Ce type de meurtre est l'application de la loi patriarcale intégriste dans toute sa rigueur. Le geste a valeur d'exemple et assure que toute tentative d'autonomie, de la part d'une femme, est rébellion qui mérite la peine capitale. Lépine en faisait un acte terroriste. Hier, aujourd'hui et demain, l'autonomie des femmes est repoussée par la chronique des massacres sexués et les charges verbales des prophètes du néo-patriarcat. L'autorité a toujours un sexe.

D'autres événements me bouleversèrent. Virginie Pelletier, une adolescente de Chicoutimi que j'ai sans doute croisée à un spectacle ou dans la rue, était tuée sauvagement. L'assassin, après l'avoir dépecée, éparpillait son corps aux quatre coins de la ville. Avant, le meurtrier avait dissimulé le cadavre dans un cinéma, sous la scène, au pied de l'écran. Virginie Pelletier gisait là, pendant les projections. Je l'apprendrais quelques jours plus tard. Danielle et moi, cette fin de semaine-là, avions apprécié le film. Ce qui me heurtait encore plus, c'était que le tueur, après cet acte incroyable, était rentré à la maison, s'était couché avec sa femme sans rien changer à ses habitudes.

Et la Bosnie est arrivée comme une déflagration dans la nuit. Des universitaires, des femmes certaines de leur autonomie et de leur égalité, qui travaillaient et discutaient l'avenir du monde, étaient violées par des amis, des camarades de tous les jours. Pourquoi ?

Il ne manquait qu'un livre. Il paraît en 1990. Roch Côté, dans *Le manifeste d'un salaud* [1], affirme que les féministes manipulent les médias. Une diatribe hargneuse et borgne, une charge indécente après le massacre de Polytechnique. Je n'ergoterai pas sur les statistiques. Les agressions des hommes contre les femmes existent. Les attaques se succèdent et se répètent dans ma ville, dans mon pays et partout dans le monde. Je ne peux plus croiser les bras et me taire, rester bien ancré dans ma vie et mes certitudes après semblable horreur. Quel événement peut réveiller le monstre en moi ?

La machination se manifeste quand une femme, une autre, est retrouvée ensanglantée, mutilée et égorgée dans une ruelle ou dans un appartement. Trois cents femmes ont été exécutées depuis le 6 décembre 1989.

J'ai mal à mon intelligence, à ma raison et à mes idéaux. J'ai mal à ma langue et à ma vie quand je me heurte aux descriptions des meurtres d'amour. Les journaux en raffolent. Depuis 1979, j'ai noté, dans un carnet noir, le nom de ces femmes exécutées. Une victime par semaine, parfois plus. Marie Lemay, Nathalie Dallaire, Suzanne Bergeron, Monique Wood, Virginie Pelletier, Christine Tremblay... La liste s'allonge à chaque jour et je pourrais la faire remonter jusqu'à

Adam. J'ai l'impression de m'arrêter devant des épi-taphes, de circuler dans un cimetière qui prend la dimension de la planète. Un nom, une date, une femme morte dans son sang, abattue au beau milieu de sa vie. Un Dieu fait homme a décidé que l'avenir s'arrêtait. Exécutées parce qu'elles étaient des femmes.

J'étais visé dans mon être, dans ma façon de voir le monde et de le parcourir. Je parlais ou je me faisais complice. Tous les rêves de mon adolescence étaient touchés. Je devais témoigner avec mon corps, mes mots et mes idées pour me tenir droit devant ma com-pagne, faire un essai de ma vie, scruter mes serments, user du dialogue qui ne tourne pas à la confrontation mais qui repose sur les droits et les choix amoureux; témoigner avec mes peurs, mes craintes et mes fasci-nations, questionner ces hommes qui ont toujours dis-simulé leur réalité en discourant de façon abstraite et impersonnelle sur le monde et les événements; habiter ma vie pour ne pas être complice d'un Roch Côté et des matraqueurs du patriarcat. Ces agressions muti-laient ma vie et mes espoirs. Il fallait remonter aux sources, retrouver l'enfant fragile qui se cache dans l'adulte figé dans ses émotions, casser les armatures de mon silence et suivre les pistes de l'homme clan-destin que je suis. Le massacre de Polytechnique me forçait à des réflexions plus ou moins évitées jusqu'à maintenant, exigeait des réponses que je n'avais pas osé formuler.

Le rebelle des années 1970, celui qui avait cru que l'avenir était enfin possible, devait avouer qu'il s'était embourbé dans une société plus guerrière et violente que jamais. J'avais juré de changer le monde par l'écriture, de défendre ma liberté par tous les moyens et j'avais échoué. J'étais captif du réalisme rentable et du monétarisme totalitaire.

L'homme farouche a parcouru des chemins singuliers, imaginé un pays comme il a rêvé le monde, refusé le travail en s'y adonnant, rejeté tout carcan en jurant sur la convention collective. J'ai cumulé les échecs, inventé la pollution, le cancer et les allergies. L'air, l'eau, le sol, les plantes et les animaux sont ma responsabilité désormais. J'en suis à l'ère de la conscience et la planète me déforme les épaules. Qu'avons-nous fait de l'avenir le vingt mai 1980? Tant de questions et si peu de réponses.

Je retrouve les mots liberté, égalité, fraternité et ils ont encore leur saveur et leur séduction. Mes serments sont encore tout chauds. L'avenir passe encore par les chemins de l'humanisme, je le sais. Il y a des hommes et des femmes qui y croient encore. Et même s'il n'y avait que ma voix, je répéterai mon refus. Il y a trop de silence dans ma vie, trop d'hésitations, de peur et de petites lâchetés. J'exige encore une société égalitaire, respectueuse des droits individuels et collectifs des femmes et des hommes. L'avenir doit rejeter toute barbarie génétique, la raison musculaire, les viols, les règlements de comptes, les vengeances et les arrêts de mort. Il n'y a pas de circonstances atténuantes. La violence entre les hommes et les femmes est indigne d'une société dite civilisée. Je ne peux cautionner les justiciers qui exécutent une compagne jugée coupable d'autonomie ou les nouveaux prophètes qui se penchent sur la nature immuable et violente de l'homme. Ma dissidence témoignera que je ne suis pas de la tribu

[17]

de Marc Lépine et que je ne le serai jamais. Je ferai enfin ce geste que j'ai retenu toute ma vie. Je renouerai avec les mots que je murmurais à vingt ans. Ma libération sexuelle, mes rêves de société juste et égalitaire, mes expériences amoureuses n'ont pas été des aberrations. Ma jeunesse n'a pas été une utopie lyrique. Je ne jetterai pas quarante ans de ma vie aux oubliettes sous prétexte de réalisme. Je tends la main à cette camarade libre qui s'est bâillonnée avec les années quatre-vingt. Je répète mon serment. Jamais je ne ramasserai le gourdin de mes ancêtres, ne tournerai le dos à un monde plus humain pour m'inventer un millionième défi guerrier et économiste. Les silencieuses, les quatorze martyres du mont Royal attendent, au-delà de la mort.

Je poserai des mots partout, comme des bombes, pour qu'ils fassent éclater mes contradictions et mes refoulements, révèlent l'homme que je suis et l'enfant que j'étais. Mon aveu, après ces années de durcissement, après la charge du néo-patriarcat et le mutisme retrouvé des femmes, dira peut-être à certaines militantes qu'elles n'ont pas lutté en vain. Leur cri a été entendu. J'avoue. J'ai été formé à la guerre et à l'agression. Il suffit de si peu pour que je culbute dans mes réflexes. Ce livre montrera, je l'espère, l'éducation qui a voulu faire de moi un héros et un guerrier. Je l'offre aux hommes qui en ont assez du sang et de la mort, aux femmes qui, depuis des millénaires, cherchent des complices.

LE RETOUR
DU SALAUD

Il se présenta comme l'homme bafoué, celui qui se relève de ses cendres et qui ose enfin. Il est vite devenu la vedette du jour et le salaud d'ordonnance. Il fut de toutes les émissions de télévision et de radio. Roch Côté, droit comme un héros, dénonçait trente ans de manipulation, de fausses comptabilités, de mystifications, d'exagérations, de vrais mensonges et de fausses vérités. Un homme, un seul, courageusement, faisait enfin face à la dragonne. Et, pour terminer son manifeste en beauté, il évoquait le paradis perdu, la rue Fontaine à Jonquière, les hommes de son enfance qui se soulaient à mort, se battaient comme des bêtes en affrontant l'hiver à mains nues. Roch Côté est attendrissant quand il évoque ce monde des hommes et des femmes. *L'enfance à l'eau bénite*[2] était le paradis saccagé par les féministes et leurs héritières. Par hasard, j'habite de l'autre côté de la rivière aux Sables, juste en face de la fameuse rue Fontaine et du paradis perdu. La vie fait que je suis sur l'autre berge pour lui dire tout simplement non.

Le redresseur de torts a été applaudi un peu partout. Son pamphlet remettait le monde à l'heure du patriarcat. Il fut cité pour son courage, cet honnête homme. Un peu plus et on lui remettait la médaille d'or du patriarcat.

Placide Munger fut plus discret. Il s'est penché sur la démarche des femmes, leurs revendications et se montra comme l'homme qui a beaucoup réfléchi. Il a signalé sa présence par de longues tirades dans les journaux. Hasard ou circonstances, il sera un peu le penseur de Roch Côté. Il possédait la connaissance du muscle divin par qui l'homme perd souvent la raison. Il savait aussi les pulsions des femmes puisqu'il est sexologue et spécialiste de « la machine nommée désir ».

Le questionnement de Placide Munger dans *Le Devoir* aurait pu être fort intéressant et pertinent. Au début, j'ai pensé qu'il apporterait un regard neuf sur cette société que j'ai toujours du mal à comprendre dans ses excès et ses beautés. Rapidement, il s'est fait thérapeute un peu condescendant, guide qui transcende la démarche féministe et qui aimerait en devenir le phare. Il signale les erreurs de parcours parce qu'il sait, lui, ce qu'aurait dû être l'évolution des femmes. Il va même jusqu'à proposer un certain rôle aux féministes. Si Roch Côté se contentait de faire rouler ses muscles, Placide Munger, magistrat et juriste, établissait les règles du néo-patriarcat.

Je voulais un échange, un dialogue et je ne retrouvais que sarcasmes et mesquinerie. Côté déchire les fameuses statistiques, les chiffres et les courbes qui couronnent autant les succès que les plus incroyables échecs de notre société. La technique est éprouvée. Les opposants au rapport canadien sur la violence faite aux femmes ont attaqué de la même façon. Il suffit de mettre en doute la méthode, d'ergoter sur les chiffres, les pourcentages pour miner les conclusions d'un rapport et les horreurs qu'il révèle. Après, il est facile de douter de la capacité scientifique des femmes à mener de semblables enquêtes. Roch Côté bondit allégrement dans toutes les brèches. Une attitude paternaliste et méprisante. À la limite, il faut parler de désinformation.

Les deux connaîtront leur moment de gloire, en février 1992, avec quelques compagnons de croisade, dans un article de *L'actualité*[3]. Un numéro percutant qui présente, en première mondiale, le garçon tutu. L'égalité, le pacifisme, le féminisme et l'écologie, ces idées contre nature, ont produit le petit garçon un peu ridicule de la première page du magazine. La photo montre un gamin scié en deux. Le bas du corps a été féminisé malgré les chaussures. La virilité du petit garçon, celle qui se mesure à l'aulne des érections futures, est touchée. L'attaque est associée, pour les besoins de la photo, au fait féminin. Pourquoi ne pas avoir féminisé le haut du corps? Les organes sexuels sont visés. L'image vaut tous les mots. Pas d'ambiguïté.

J'ai lu *Le manifeste d'un salaud*[1], m'attardant sur les arguments irréfutables qui promettaient de me conforter enfin dans ma certitude ébranlée de mâle. Je n'y ai trouvé que charge émotive, haineuse et frustration. Plus inquiétant, Roch Côté va jusqu'à proclamer partout au Québec, sans que personne ne le rabroue, que le féminisme a été le combat de quelques femmes, de quelques expertes en manipulation de statistiques et de médias. Les féministes sont les championnes des fausses études, des faits tronqués et des nouvelles sensationnelles. Le Conseil du statut de la femme se transforme en une centrale où toutes les conspirations sont ourdies contre le mâle avili. Roch Côté dévoile le plus grand complot de notre siècle et une menace planétaire. Cette poignée de féministes a réussi à contrôler les manchettes des quotidiens, à inventer de faux crimes passionnels, à publier une littérature tronquée sur la violence, l'abandon et l'irresponsabilité des mâles.

J'ai bien mal compris le succès du *Manifeste d'un salaud*[1] et, surtout, le silence qui a entouré les énormités qui y sont proférées. Il a fait son tour de piste, chargé Lorraine Pagé, Louky Bersianik, Francine Pelletier, Armande Saint-Jean et surtout l'infâme Maurice Champagne, le scélérat d'*homme têtard*[4]. Il éclaboussait trente ans d'histoire, se dressait comme le frère Untel du féminisme par qui la Vérité arrive. Son fameux manifeste a vite été oublié et ce qui a importé, c'est le spectacle médiatique. On aurait voulu le combat du siècle, l'affrontement des féministes et de l'homme relevé de ses cendres. Avec raison, les femmes ont évité le piège, se contentant de quelques escarmouches.

Étant aussi journaliste, j'ai bien dû admettre que la thèse de la conspiration était difficile à croire. Les exécutions sommaires, les femmes assassinées, violées, agressées, mutilées ne sont pas de la fiction. Je suis retourné aux faits qui constituent la bible de l'information, aux drames qui tapissent les journaux sordides comme les journaux les plus sérieux; ces faits qui chaque jour montrent, avec photos à l'appui, que les femmes sont attaquées par un compagnon, un amant, un voisin, un père, un grand-père ou *un parfait inconnu qui passait par là et qui a décidé de s'en servir*[5]. Ergoter sur les statistiques, la quantité de sang, le nombre de massacres et les coups de couteau, me semble indécent. Les médias montrent, jour après jour, les règlements de comptes. Une femme a été retrouvée nue dans un boisé, mutilée dans une ruelle ou jetée aux vidanges. À Jonquière, elle avait quarante ans et a été forcée d'immobiliser sa voiture, en rentrant chez elle, après son travail. Deux hommes se tenaient au milieu de la chaussée. Ils l'ont traînée dans un champ pour la violer. Elle a fait l'erreur impardonnable d'accepter un travail de nuit. Fiction, exagération, manipulation? Je sais. Des hommes se font abattre par une femme et sont victimes de violence mais je sais aussi que les tueuses ne frappent jamais avec la régularité et la constance des hommes.

Si conspiration il y a, elle est du côté de ces hommes qui agissent à Montréal, en Gaspésie, à Chicoutimi, à Alma, à New York, à Paris, à Trois-Rivières et aussi à Jonquière. Le manifeste de Roch Côté se transforme vite en diatribe de mauvais goût, en illustration du patriarcat intégriste qui ne sait pas mourir et qui ne recule devant rien.

La folie de Marc Lépine, le manifeste de Roch Côté et les réflexions de Placide Munger m'ont sidéré. J'ai surtout eu peur de l'entêtement de certains hommes à refuser tout questionnement. Bien plus, on commence à affirmer, un peu timidement il est vrai, que cette violence et cette hargne, qui perdurent entre les hommes et les femmes, sont la responsabilité des féministes. Elles sont allées trop loin. «Une trêve est nécessaire», affirme Denise Bombardier dans *La déroute des sexes* [7]. Elle devrait savoir qu'accepter la trêve, c'est permettre aux hommes de retrouver leurs habitudes patriarcales.

Placide Munger et Roch Côté n'ont jamais été aussi bien servis que par cet article de *L'actualité*. Les penseurs du néo-patriarcat se penchent avec attendrissement sur les immolés. L'avenir des jeunes garçons inquiète... Bien entendu, ils ignorent les filles dans leur compassion sinon pour faire ressortir la faiblesse des garçons et leur avilissement. Ils prennent soin aussi de camoufler la saga des pensions alimentaires, la loi du partage patrimonial qu'il a fallu imposer pour que les hommes reconnaissent le travail de leur compagne. Ils sont émouvants quand ils parlent de l'avenir de ces fils désorientés. Pourtant le questionnement est vite détourné et les féministes sont chargées. Elles ont diminué le mâle. «Il y a effondrement de la légitimité de l'existence de l'homme: il ne sert plus à rien[3]!», peut-on lire. Une femme qui s'affirme dans son corps, ses désirs, ses pulsions, ses capacités intellectuelles et physiques menace l'homme. Les premières victimes sont ces jeunes mâles livides et hagards dans la vie. «Ces derniers (les garçons) se suicident trois fois plus et forment les deux tiers de la clientèle des services psychologiques[3]». Perturbé par l'affirmation de sa sœur ou de sa petite voisine, le garçon étudie moins, se sent dévalorisé et dépassé. Placide Munger s'affole. Un peu plus et l'écologie y passait.

Il faut s'attarder sur les conclusions inquiétantes de cet article. L'homme naît bon et les féministes le corrompent? Les héritiers, ceux qui avaient à maintenir la confrérie patriarcale au rang des nations développées, industrielles et productrices de biens, ont été amochés par les insoumises. Elles frappent dans les garderies surtout, ont pris d'assaut la littérature et le cinéma. Les garçons, comme au temps de Bob Morane, ne sont plus les héros des *contes pour tous*[6] de Roch Demers ou d'un roman destiné aux adolescents. Comment imaginer les hommes devant une femme médecin, une ingénieure, une architecte ou une électricienne? Comment les voir devant une première ministre ou une lieutenant-colonel? La rigidité du membre suprême est menacée partout sur cette planète par une partenaire qui s'affirme face au monde et survit sans avoir recours à la protection intéressée d'un homme.

Si je n'arrive pas à m'affoler, je m'inquiète pourtant devant des propos qui font croire que la domination est nécessaire à l'équilibre des hommes. Ce raisonnement, jamais formulé, toujours évoqué, suppose qu'il faut un dominé et un dominant. Roch Côté et Placide Munger n'ont jamais le courage de pousser leur réflexion jusqu'aux conclusions qui s'imposent. L'homme, si j'en crois les prophètes du néo-patriarcat, dans sa relation amoureuse, comme dans la vie, a besoin d'être le meneur pour s'épanouir et s'affirmer. Dans une situation d'égalité, le garçon se transforme en un itinérant psychologique et, facilement, devient victime de sa propre violence. Une logique qui fait peur.

La femme ne trouve sa plénitude et le bonheur que dans l'admiration béate et la soumission, si on examine l'autre côté de la proposition. Cet axiome exige une terrible régression et, surtout, nie les trente dernières années de ma vie. Les discours de Roch Côté et de Placide Munger me ramènent à mon enfance, à cette voisine qui se réfugiait dans le hangar pour échapper aux rages endémiques de son mari, à cette jeune fille, elle avait mon âge, qui a dû migrer à douze ans pour échapper aux élans paternels. Sa vie a été

[27]

brisée à jamais. Et on voudrait que je sois nostalgique!

L'homme a une libido de propriétaire foncier et de conquérant si j'en crois Placide Munger et Roch Côté. Le mâle pour s'installer dans sa vie, sa sexualité, ses désirs, doit aussi rester le grand pourvoyeur en titre. Une fatalité biologique, à laquelle nul ne peut échapper, le marque dans sa façon d'être et de parcourir la planète. Cette fois ce n'est pas Abraham qui immole le fils adoré, mais la mère indigne et féministe.

En échappant à leur rôle séculaire, les filles, étrangement, ne sont pas perturbées dans leur esprit et leur corps. Comment expliquer cette immunité? Elles étudient et entreprennent des carrières sans que leur féminité ne soit érodée. Le point G n'est pas menacé quand une femme décide d'être écrivaine ou encore astronaute. Il n'y a que l'homme qui est déstabilisé dans cette société que l'on dit égalitaire. Les femmes seraient-elles immunisées ou faites de chair inoxydable? Les nouvelles responsabilités ont modifié ses occupations pourtant, ses amours et sa pensée même. Pourquoi alors ne seraient-elles pas touchées et perturbées par cette société monoparentale?

Les petits mâles, génétiquement, auraient besoin de s'amuser avec des fac-similés d'armes, de simuler la violence, la guerre et l'agression physique pour sortir de l'adolescence et devenir des hommes équilibrés. Placide Munger et Roch Côté parlent de l'agressivité naturelle du garçon. Bien sûr, le mâle porte en lui une agressivité qu'il ne faut surtout pas confondre avec la violence. Il y a un monde entre cette pulsion naturelle et la violence inculquée par apprentissage. Il faut faire la démarcation entre une agressivité permise et l'autre, la condamnable et la dangereuse. Mais comment établir la frontière? Et cette raison du muscle est-elle toujours souhaitable? Est-ce encore nécessaire dans une société technologique qui cherche la qualité totale? Elle était obligatoire dans la tribu des grands chasseurs mais nous sommes dans un monde de logiciels, la nature a été domptée et les bêtes sauvages grognent derrière les barreaux des jardins zoologiques. Pourquoi cette valorisation du primitivisme quand il s'agit des hommes?

Les femmes sont toujours les victimes de cette société fondée sur la raison physique. Elles ont raison de questionner l'héritage d'Adam, de chercher à changer des attitudes immuables en exigeant le respect et l'autonomie. La fatalité biologique hormonale, il faut la remettre en question devant un comptoir de jouets ou en planifiant les activités d'une garderie. Il est normal et nécessaire d'éliminer les stéréotypes dans les productions cinématographiques, la littérature et l'apprentissage. Les traumatismes proviennent beaucoup plus de l'ambiguïté des messages, des distorsions qui existent entre les discours et les comportements. Il suffit de regarder la télévision. Les tueurs s'y reproduisent. Il n'y a qu'à piger dans les jeux vidéos qui valorisent l'agression et l'affrontement. Il y a toujours un avaleur et un avalé, un dominant qui devient dominé dans les jeux de la modernité. L'homme des cavernes a vite trouvé sa place dans l'ordinateur et la violence est un langage international. La conspiration de l'agression existerait-elle? Un logiciel a même présenté un héros qui violait les femmes. Jeu de la modernité ou barbarie informatisée?

Et si cette éducation ne menait qu'à la violence? Les agresseurs, les tueurs et les violeurs, avec quoi jouaient-ils quand ils étaient des petits garçons? Ces jeunes ont-ils côtoyé un père qui ne savait que l'insulte et les coups? J'ai peur de cette agressivité génétique immuable. Si le mâle ne peut s'affirmer que par l'affrontement et le combat, il y a de quoi désespérer pour l'avenir de l'humanité. Celles et ceux qui refusent cette fatalité ne sont pas des dégénérés qui souhaitent la fin de l'aventure humaine. J'ai beaucoup plus de craintes devant un chasseur qui convoite une ogive nucléaire ou qui s'amuse avec des jeux qui ont fait des milliers de morts en Irak.

La performance et l'efficacité, dans la sexualité, cela signifie l'agression, les coups et le viol. Pire encore, ce concept militariste de l'aventure amoureuse marque la fin de toute autonomie pour les femmes, l'étouffement de leurs désirs et de leurs pulsions, l'abandon et la négation de leurs corps. La valorisation des muscles amène la confrontation et les coups quand une compagne refuse le suicide identitaire. La société intégriste patriarcale se manifeste alors dans ce qu'elle a de plus horrible.

Des milliers de générations ont été sacrifiées au nom de la raison virile. Il est temps que le mou s'exprime, que l'agressivité des hommes soit questionnée. Les féministes l'ont fait. Il est temps de dissocier agressivité et violence, domination et sexualité, affirmation et inégalité. Et tant mieux si les jeunes garçons ont recours aux psychologues. Ils commencent peut-être à questionner cette fameuse vérité génétique qui a fait des millions de morts à chaque génération. Ce flou, peut-être, montre que l'homme n'a plus envie d'être en guerre à tous les jours, qu'il cherche un changement, une mutation de sa société. Je reste sceptique cependant. Ces jeunes gardent leur potentiel guerrier envers leur compagne et, si c'est possible, y puisent une raison de plus pour user de la violence. Les exécuteurs du patriarcat se retrouvent dans tous les milieux et ils ont tous les âges.

J'ai plaisir à croire qu'un nouvel homme montre le visage. Il est encore isolé, silencieux et peu certain de ses gestes. Il cherche un autre ancrage dans ses pensées et ses agissements. Autant attendre un peu cependant avant d'applaudir. Les qualités sportives du mâle sont transmises, encore et toujours, d'une génération à l'autre. Les affirmations d'un Roch Côté et d'un Placide Munger montrent que l'homme de droit divin n'est pas à la veille de céder la place.

Je salue les créations cinématographiques et la littérature qui donnent un rôle de premier plan aux filles. J'aime cette exploration, cette volonté de sortir des ornières et la chance qu'ont les garçons de maintenant et les filles d'aujourd'hui de tisser des liens différents. Ils verront peut-être s'écrouler un mur qui m'aura hanté toute ma vie. J'aime croire que le petit garçon qui tourne le dos aux jeux guerriers ne sera pas exclu et ridiculisé comme il l'était à mon époque. C'est ce compagnon et cette compagne, si différents et si semblables, qu'il faut découvrir. L'évolution vers une communauté planétaire ne se fera que dans la différence et l'égalité. Il n'y a pas d'autre route.

Je ne peux être du côté des nostalgiques de la dictature du phallus, des intimidateurs et des héros sanglants. Je suis avec les naufragés du couple délabré, les fils de pourvoyeurs en fuite et des pères ratés. Le mou vient sans aucun doute de ces pères célibataires, de ces géniteurs invisibles qui refusent le versement d'une pension alimentaire s'ils n'ont pas l'usage exclusif du corps de la mère; de ces nomades qui prônent l'excellence et la qualité totale dans les entreprises et qui n'existent plus pour leur compagne et leurs enfants. Nous avons la chance de découvrir, maintenant, un homme qui ne s'exercera pas à l'agressivité et à la violence, qui ne trouvera plus l'expression suprême de sa nature dans le sang. C'est le plus bel héritage que nous lèguent les féministes. Il est temps de reconsidérer le legs et surtout de résister à la tentation des rêveurs du passé. Il est possible d'imaginer la tendresse, la douceur, le partage et le respect sans se travestir en homme tutu.

L'émancipation des femmes, selon Roch Côté et Placide Munger, est un rapt et un vol. Le féminisme est l'appropriation des privilèges de l'homme et l'expropriation des droits séculaires des mâles, une lutte pour la domination d'un sexe par l'autre. Roch Côté et Placide Munger ont une vision guerrière de la société. Ils ne savent voir dans le féminisme qu'une agression et une lutte de pouvoir. Pourquoi ne pas y voir simplement une libération? L'affirmation d'un individu ne fait que renforcer l'individualité de l'autre. L'autonomie d'une partenaire augmente celle de son compagnon. La liberté ne se vit pas dans une limitation des droits de l'autre. L'affirmation de celle qui partage ma vie me demande de m'affirmer. Je suis quand elle est. J'y gagne une complice libre, plus forte, plus certaine de ses désirs et de ses plaisirs. Le féminisme me libère de mes rôles traditionnels et me permet de découvrir des émotions et des gestes atrophiés par des centaines de guerres. Je suis enfin égal en amour et dans la vie, un être responsable qui échappe aux diktats génétiques, l'homme libre aux côtés d'une femme responsable et indépendante.

J'ose croire que les fils des féministes désirent avant tout être des humains près de leurs émotions et de leurs désirs. La vie montre qu'ils ne sont guère différents des pères pourtant. Les filles des féministes ont appris, j'espère, qu'elles ne peuvent se fier aux promesses des hommes. Elles savent peut-être juste un peu mieux se protéger des promesses d'un Ovila Pronovost. Elles assureront plus souvent qu'autrement le présent et le futur des enfants qu'elles auront et qui seront abandonnés par «ce rien quand il n'est plus pourvoyeur[3]». Les féministes ont payé très cher leur affirmation. Elles ont connu l'isolement et la pauvreté, compris que l'homme, même en se drapant d'un discours égalitaire, mentait. Les filles des cégeps et des universités savent que l'égalité passe par l'emploi et l'indépendance matérielle. L'affirmation, malgré les protestations de ces femmes qui refusent l'étiquette du féminisme, est de s'assurer un avenir. L'amour n'est plus un saut dans le vide et une abnégation de soi.

Dans cette nouvelle société, le garçon est confronté avec l'image d'un père célibataire ou d'un père touriste. Il a souvent été traité comme un simple objet que l'on payait par mensualités. Peut-être qu'il a compris, au plus profond de son être, que le visiteur n'était pas satisfait de la marchandise en tergiversant ainsi et en prenant la fuite. Il s'est senti diminué et rejeté, peu aimé et questionné dans son être. Il a vu sa mère combattre l'indigence dans un travail à temps partiel ou réduite à s'accrocher à l'aide sociale; il a été réveillé aussi par la police d'État qui frappait à la porte et cherchait un homme qu'il ne voyait jamais. Le père, peu importe son visage, prenait toujours la fuite avec le matin. Comment pouvait-il s'identifier à une ombre qui se défile? Roch Côté et Placide Munger se gardent bien de montrer ce côté-là des choses.

Le garçon a du mal à trouver un modèle à imiter parce que les hommes de ma génération, malgré les exceptions, ont été des pères célibataires. Les femmes ont dû combler l'espace qu'ils ont abandonné. Si les fils sont mous, c'est que les pères ont été gélatineux.

La pensée de Roch Côté et Placide Munger fait appel à une forme de déterminisme qui croit que le primate des cavernes et l'homme informatisé sont identiques. Les féministes et certains hommes pensent que l'humain est un être d'apprentissages. Le déterminisme postule que l'humain ne changera jamais malgré les connaissances, les découvertes et la réflexion. Je crois que l'homme et la femme sont en devenir et qu'ils peuvent maîtriser leurs pulsions par l'éducation.

Je refuse la fatalité biologique, les propos éculés des post-féministes qui culpabilisent les femmes. La nouvelle pensée ne passe pas par l'appropriation de ce qu'il y a de pire dans le comportement des hommes. Ce jeu flatte bassement les prophètes du néo-patriarcat et conforte leurs certitudes. Les femmes ne sont pas allées trop loin, ce sont les hommes qui n'ont pas bougé. Elles ont peut-être eu le tort d'abandonner trop vite et de se taire. J'aurais peut-être réagi plus rapidement si la parole dérangeante s'était maintenue dans les médias et sur la place publique. Il a fallu du sang, des balles et l'horreur pour m'ébranler, pour que je me sente honteux et coupable.

Je cherche un autre homme en moi. Je ne veux plus être seulement un pourvoyeur et un géniteur, mais un compagnon, un être de responsabilités et de partage. Je ne peux m'associer qu'à une femme autonome et libre dans sa vie et son esprit. Je refuse mon droit de propriété sur le corps et l'intelligence d'une femme. Ma compagne est l'entière légataire de ses désirs comme je le suis des miens. L'évolution et la libération sont à ce prix.

Je marche avec les hommes qui ont commencé à esquisser la société de demain même s'ils sont peu nombreux. Ils surveillent leurs frères, leurs gestes, leurs attitudes et leurs réflexes. Il fallait que des femmes changent pour que nous commencions à nous questionner. L'avenir n'est pas avec Roch Côté et Placide Munger. Le garçon de demain n'est pas non plus cet enfant mutilé de L'actualité[3].

Il est temps de dire aux femmes que des collaborateurs existent. Ces hommes clandestins refusent le rétablissement de la dictature du patriarcat et la société de droit divin. Ils veulent comprendre, passer du côté de celles qui ont eu le courage des questions, de l'autonomie et de la liberté. Aucun droit à la domination ne m'a été donné avec ma première érection.

Les femmes vivent encore dans la société des hommes comme dans des territoires occupés. Je refuse cet état de fait. Les femmes ne sont pas suspectes quand elles disent non aux meurtres et aux tueries. Les femmes qui exigent le respect de leur intégrité physique, le droit de fréquenter un bar sans être la cible d'un phallus à tête chercheuse, qui cherchent à gagner leur vie sans être harcelées par leurs compagnons, qui réclament le droit de marcher la nuit dans une ville et un quartier où elles paient des taxes et des impôts, sans être les proies des rôdeurs, ne sont pas des déviantes ni des castratrices. Elles sont des citoyennes qui s'affirment et qui réclament justice et respect. Qu'y a-t-il de si aberrant à demander le respect de ses droits dans sa société, son peuple et sa culture, d'exiger l'égalité dans les chances et au travail? Les hommes ont d'abord à accepter ces droits naturels et essentiels. Ils ont aussi à assumer leur violence. La civilisation est à ce prix.

LA VOLEUSE
D'ÂME

Les Québécois de ma génération ont été tiraillés entre le passé, l'avenir à préparer et la contestation du présent. C'était beaucoup, trop peut-être. Je basculai spontanément du côté des marginaux, pataugeai dans la contre-culture avant même de me questionner sur mon identité. J'oubliais mon enfance, plongeais dans l'avenir en repoussant tout. Il me faudrait m'égarer dans bien des détours avant de retrouver les miettes de ma mémoire. Je me revois, tout nu, dans mon adolescence. Ma voix avait mué. J'éprouvais une grande fierté à épier ma barbe naissante mais je flottais dans un corps devenu inquiétant. Le temps des jeux et des bravades se terminait. Je me débattais avec des élans qui me surprenaient. Mes frères, au même âge, avaient fermé l'enfance pour s'enfoncer dans les forêts tandis que moi, je m'accrochais à l'école et aux livres. J'étais le savant de la famille, un suspect dans l'esprit de mon père qui s'obstinait à cultiver le scepticisme avec une mauvaise volonté évidente. Je n'avais que des écrits à lui opposer. S'il avait su que j'écrivais des poèmes, il aurait douté de ma virilité.

J'étais mal préparé à l'éveil des sens. Dans mon enfance, les hommes se risquaient à raconter des histoires un peu grivoises mais les femmes avaient vite fait de les ramener à l'ordre. Il fallait savoir tenir sa place, répétait ma mère. Mon père approuvait. Les silences de mes tantes, certains soupirs, quelques mots, des regards signifiaient que les rires de mes oncles n'étaient guère appréciés. Les épouses parlaient d'obligation ou encore du devoir. Je me confondais en suppositions.

Mes énergies ont d'abord servi à la maîtrise de mon corps et d'un langage que je trouvais compliqué. J'étais quelqu'un de différent et de semblable, à la dérive dans un corps en expansion. Le pire moment fut quand je m'installai dans ma forme d'adulte. J'aurais voulu la discuter, la changer mais une fatalité biologique me disait non. Il y avait en moi un être possible et impossible.

Je n'ai connu personne qui, à l'âge de quatorze ou quinze ans, n'aurait pas voulu modifier son apparence. Je scrutais les dimensions qui seraient les miennes en tremblant. J'étais un nouvel adulte au physique permanent et quand je regardais les autres, je ne trouvais plus que des imperfections. L'hérédité est le plus impitoyable des héritages. Les autres avaient tout et moi, j'avais été oublié dans le grand partage du monde. J'apprenais la résignation et l'acceptation, j'apprenais à composer avec l'atavisme. J'étais un homme tout neuf et de grandes palpitations m'affolaient. Je découvrais Tristan et Iseult, Roméo et Juliette mais les craintes ne s'apaisaient pas.

Un matin, le mal s'était manifesté. Il portait une robe qui n'était qu'ondulations et enchantements devant mes yeux. Le catéchisme m'avait mis en garde: il fallait étouffer ce bouillonnement qui retournait l'être. Cette femme toute neuve était une voleuse d'âme, le mal, la faute originelle et la luxure. Je balbutiais et ne savais que faire de ce grand moi désarticulé que j'étais. Les amours de mort et de sang m'affolaient. Les amis parlaient d'exploits, de conquêtes et de filles qui laissaient les mains se poser sur un sein ou une cuisse. Elles étaient des trophées qu'ils exhibaient. La gestuelle amoureuse, l'exploration des différences se transformaient en rapt physique et en une victoire inévitable du mâle. Être homme, c'était vaincre la femme et la transformer en objet de plaisir. Les mots servaient à abolir toutes les défenses. J'ai cru long-temps, en regardant agir les hommes, que l'amour ne germait que dans la manipulation et la fourberie. J'étais celui qui se prêtait tout en se refusant, qui dis-simulait tout en avouant. J'étais le maître du faux qui les propulserait sur les marches du septième ciel.

J'étais capable de toutes les séductions. Tous l'étaient. Je m'imposerais dans le langage amoureux. Il suffisait de ruser, de mentir et de manipuler pour obtenir le consentement des femmes. Elles ne compre-naient que les fausses promesses et les contre-vérités. Tous le répétaient. J'userais de promesses jamais tenues pour les ravir.

L'important n'était pas de vivre le moment amou-reux comme de l'avoir fait. La victoire vous ouvrait les portes de la grande confrérie des hommes. Personne n'exigeait de preuves. Il suffisait d'affirmer qu'une voisine vous avait prêté son corps, de le dire avec un petit sourire entendu. Les garçons ne se gênaient pas. Toutes les rumeurs avaient leur poids, surtout quand elles étaient fausses.

Je ne savais que dire quand une camarade me sou-riait. J'en perdais l'usage de mes bras et de mes mains. Le futur écrivain y laissait tout son vocabulaire. J'étais un piètre joueur. Je restais fuyant, égaré dans mes tremblements d'être, effarouché par l'incendie qui tordait toutes mes armures. Je n'avais pas appris la douceur et la tendresse, je ne savais pas distinguer la caresse de l'agression. Un toucher me déstabilisait. Je me perdais dans mon corps trop grand et fait pour le combat.

Le féminisme n'était pas là encore mais nous savions. Les petites filles ne seraient pas comme leurs mères. Je savais et mes amis aussi savaient que nous ne pouvions plus nous appuyer sur le passé. Nos routes menaient à l'université et à la ville. Les filles étaient libérées du service domestique et de la maternité absolue. Elles étudiaient et elles auraient un travail rémunéré et une vie autonome.

Je m'exerçais à l'impassibilité et à l'indifférence, j'avançais, une canne blanche à la main, vers cette «femme inconnue, et que j'aime, et qui m'aime, Et qui n'est, chaque fois, ni tout à fait la même ni tout à fait une autre, et m'aime et me comprend[8]». Elle changerait tout en moi. Mes désirs se transformaient en des poèmes lisses comme des cailloux. Mes contacts, avec cette étrangère, seraient une découverte et un épanouissement.

Je détestais la lâcheté, l'indifférence et les rires de la confrérie. Je n'aimais pas le mépris qui frappait celles qui croyaient les paroles et les promesses jamais tenues. J'étais mal dans cette peau d'adulte tout neuf, dans ces amours écorchés, dans ces contacts qui prenaient les apparences d'un combat. J'étais surtout incapable de croire que la séduction était l'art du mensonge et de la fourberie. Le désir ne pouvait conduire à l'arrogance parce que ma solitude n'en serait que plus terrifiante.

[42]

Elle avait quinze ans, les cheveux longs, les yeux bleus, les yeux bruns, parfois un sourire et des regards qui dénouaient tous les muscles. Elle traversait mon espace et je sentais que la tendresse et la douceur, le bonheur et la raison du corps étaient possibles. Le curé Gaudiose me ramenait à l'ordre. Elle était surtout concupiscence, brouillait la raison, déréglait le corps et ouvrait les portes de l'enfer. Un regard, un effleurement suffisaient. Elle était le pire danger qu'un homme pouvait affronter. Je ne pouvais sourire à ses sourires, me perdre dans ses regards sans risquer la folie des sens et les souffrances éternelles. Le mal avait la courbe d'une hanche, les rondeurs d'un sein, la douceur de ses cheveux quand elle m'effleurait ou qu'elle laissait, distraitement, sa main sur mon bras. Tout mon être brûlait. Elle ébranlait ma raison et surtout, me faisait oublier l'au-delà.

Je faisais face à une voleuse. L'homme intègre protégeait sa chasteté et ne connaissait aucune faiblesse. Je me sentais amputé par cette sexualité qui ne trouverait sa plénitude qu'avec l'autre. Ce désir me rendait particulièrement vulnérable et me poussait vers elle.

La sexualité était une rude épreuve, un exploit qui se préparait minutieusement. Tout un jeu de consentements et de permissions, d'attirance et de séduction était nécessaire pour savoir nos corps. J'hésitais entre la fuite et la fascination, tentais plutôt mal que bien de rassurer mon corps farouche. Elle pouvait se moquer aussi de mes élans. Il était si difficile d'avoir accès aux territoires de l'autre. Qu'aurais-je fait si une voisine m'avait proposé de connaître nos différences épidermiques ? L'offre n'a jamais été formulée. Les filles étaient réfractaires et farouches. Elles savaient déjà se méfier de nos manœuvres.

Je devins tout de suite un peu païen dans l'antre même de Dieu, malgré mes élans mystiques et cette imagerie du mal qui venait du Moyen Âge. La Vierge, la femme idéale du curé Gaudiose, celle qui sublimait sa maternité spontanée en dressant son ventre comme un bouclier devant le mâle, ne nous intéressait guère. Nous rêvions de la femme réelle, certaine de son corps, consentante à nos désirs. J'étais déchiré entre les admonestations qui me répétaient de fuir et l'envie de m'approcher de cette impure.

Les autres garçons vivaient toutes les aventures tandis qu'à moi, rien n'arrivait. Comment percer les secrets et découvrir les mystères ? Au début, nous avons papillonné autour des différences anatomiques. Voir était le péché le plus pratiqué et le plus familier. Nous jurions, sans broncher, avoir aperçu toute la splendeur d'une cuisse par le trou pratiqué dans le mur des toilettes, à la petite école. Les copains voyaient tout par cette interstice qui débouchait sur le paradis et l'enfer. Je n'y ai surpris que des ombres et, parfois, un bout de jupe. Nous pratiquions nos mauvais regards avec régularité et le vicaire nous imposait une dizaine du chapelet à chaque premier vendredi du mois. Le sujet n'en devenait que plus obsédant.

La séduction était un combat. La parole, les rires et les gestes pulvériseraient toutes les résistances. Je possédais l'arme qui ferait se pâmer toutes les femmes ! Je ne faisais pas exception. Il y avait un mélange de douceur et de violence dans ces pulsions amoureuses. J'ai longtemps cru qu'il fallait voler ce plaisir à une camarade plus ou moins hostile, la piéger pour qu'elle consente aux douceurs du corps. Le grand moment venu, en fermant les yeux, nous connaîtrions la joie et le plaisir suprême. Des gestes appris depuis des millénaires s'imposeraient. Il suffirait de laisser parler le corps et de s'abandonner à l'étrangère. Pourtant, partout autour de moi, on me répétait de me contrôler et de ne jamais céder. Le doute me faisait reculer. Et si la pire des catastrophes me guettait?

Mes frères, de vrais hommes aux muscles saillants, plaisantaient mais ne se trahissaient jamais. Les hommes, les vrais, étaient excessifs, indomptables et toujours prêts à foncer. J'éprouvais surtout de la colère face à ce désir qui me retournait. Une femme entraverait ma liberté et affaiblirait ma qualité d'être. Elle était un piège. Je souriais devant les moqueries et les plaisanteries mais mon âme se défaisait. Le mépris était donc possible après la tendresse. Je pouvais ridiculiser celle qui possédait les secrets de l'être!

Des revues exhibaient des seins, des cuisses et des dos vertigineux qui n'avaient rien à voir avec les filles que je côtoyais. Ces femmes, toutes en splendeurs et en abîmes, existaient-elles? Un jour, il faudrait bien tout risquer et mettre mon corps en jeu.

J'avais touché la limite des connaissances que l'on pouvait acquérir au village. Je devais franchir les limites paroissiales et migrer. Mes poussées, vers le monde des adultes, furent ponctuées par ces éloignements qui me firent, peu à peu, étranger à ma famille. Rapidement, je fus ce visiteur qui protégeait sa vie secrète et l'espace d'une petite chambre, qui tolérait mal les incursions de sa mère rangeant papiers et livres selon des normes difficile à prévoir. Je risquais l'écoute de quelques disques. Brahms provoquait la colère de l'un de mes frères. Il menaçait de fracasser mon unique exemplaire de musique classique.

L'éducation ségrégationniste atteignait son apogée à l'école secondaire. J'étais paralysé quand une fille me regardait dans les yeux et j'avais terriblement peur de me retrouver en tête à tête avec elle. Je jouais les fanfarons mais tremblais devant pareille éventualité. Les filles étudiaient au couvent et nous, nous fréquentions le grand collège. Un uniforme, quasi identique dans ses couleurs de gris et de bleu, faisait de nous des enrôlés du savoir. Nous nous rencontrions dans les autobus lors des voyages du soir et du matin. Les filles s'assoyaient à gauche et les garçons louchaient de la droite. Plusieurs avaient des rendez-vous sur l'heure du midi mais ma grande timidité me gardait au collège. Je m'adonnais aux sports, comptais les regards, les soupirs et les amours qui tardaient à se manifester. Mes amis pavoisaient et je me sentais laid et peu intéressant. La présence d'une fille, ses gestes et ses mots se changeaient en terribles jugements. Elle me menaçait dans mes idées et dans mon entité.

Je sais maintenant. Ma mère a soupesé chaque seconde de mon enfance, discuté toutes les décisions de mon père et de mes frères. Elle avait la condamnation intempestive et maniait les tables de la loi selon ses pulsions. J'ai réussi à échapper à ses remarques et à ses remontrances par les livres. Ils furent des boucliers devant ses charges. C'est ce regard que j'ai évité inconsciemment chez mes compagnes pendant des années.

Une femme coupable de mes élans, de mes murmures et de mes pulsions, facilitait les excès et les lâchetés. Après tout, je ne voulais que son corps. Il n'était pas question de donner mais de prendre. Après, le confessionnal servait de buanderie. J'en ressortais, en bombant le torse, avec la ferme intention de recommencer. Cette duperie menait à une sexualité de fuite et à l'irresponsabilité rancunière. J'étais le grand prédateur.

Longtemps je suis resté dans mes défenses et mes craintes. Poser la main sur la main d'une fille, m'approcher, ouvrir les bras, réveillaient des mots que je ne savais dire. Je rêvais de briser ces silences qui s'accumulaient en lourdes strates, de libérer mes muscles forgés pour la lutte et l'agression, de connaître la grande illumination mais j'étais totalement effarouché par celles qui frôlaient mes frontières. J'ai eu besoin de bien des apprivoisements avant de tolérer les effleurements d'une étrangère. Je me suis domestiqué, bien sûr, mais je garde les réflexes du sauvage que j'ai été. J'ai les frontières du corps étanches. Toucher est un privilège dont je n'abuse pas.

Pendant ce temps, des femmes, quelque part en Amérique, brûlaient leurs soutiens-gorge. Jamais plus la douleur, la souffrance et le renoncement clamaient-elles. Elles marchaient avec de grands lambeaux d'ombre sur le visage, s'arrachaient au silence tandis que je me cloîtrais dans les mots. Elles disaient tout et je n'arrivais qu'à me diluer dans mes peurs. Les cris liberté, autonomie et intégrité claquaient. Les filles, mes camarades, réclamaient l'émotion, habitaient leurs désirs, souriaient de ma sexualité sportive et proclamaient la charte de leurs droits ignorés. Je ne dominerais plus jamais de la hauteur de mon sexe. Mes muscles de guerrier étaient devenus désuets. L'appel sonnait mais je n'avais que des émotions atrophiées. Les femmes s'arrachaient aux trous noirs de l'Histoire et je m'affolais des coins inconnus de ma mémoire. Elles défilaient mais je restais barricadé dans mon écriture. Elles n'en pouvaient plus de mes mains de colère et de rage.

J'avais dix-huit ans peut-être et me débattais dans l'écriture de poèmes sauvages tout en m'imbibant des livres de Sartre et de Camus. J'avais survécu à quelques effleurements, à des approches marquées de replis spectaculaires. J'avais tout fait pour fuir le moment, même si j'en tremblais d'envie. Je cultivais une mystique de la sexualité et du désir, m'embrouillais dans ma tête et mon corps. Comment dénouer les attaches, défaire les sangles qui marquaient la chair et l'esprit? Un flot de paroles, endigué depuis des millénaires, avait à se libérer. La grande bête peureuse, suffoquante d'amour et de tendresse bondissait vers celles qui me dépliaient l'âme et le corps. J'étais un mammifère délirant de solitude et de désirs, un grand fauve farouche, un sauvage qui accumulait les petites lâchetés et les fuites. J'oubliais tous les mots qui pouvaient compromettre.

Les voyageuses du cours secondaire avaient gagné Montréal. Je les croisais parfois et nous avions des regards et des effleurements qui me remuaient l'âme et le corps. Je défendais pourtant ma solitude avec obstination. Ceux qui n'avaient pas choisi l'exil étaient mariés et faisaient partie déjà d'une autre époque. Je rêvais d'une «Françoise» qui m'offrirait sa chambre, ses bras et son corps en fermant les yeux mais «j'étais seul, terriblement seul, horriblement seul[9]» malgré les amis et les virées qui nous laissaient plus ivres que vivants. J'imaginais cette rencontre comme un abordage. Un visage dans l'ombre, un sourire habillerait mes mots et mes phrases. Je m'enivrais de la présence de ces fascinantes étrangères, de plus en plus nombreuses dans les salles de l'université. Elles s'installaient et souriaient, belles dans leur savoir et dans cette certitude que je n'avais pas. Je ne savais plus qui j'étais et maudissais ma peur et mes effarouchements. Les femmes exigeaient le monde, se grisaient d'expressions et d'images. Elles avaient mes révoltes, ma passion des mots et mon refus des carcans, elles étaient rebelles, indomptables de corps et de désirs. J'en devenais aphone.

Mes compagnes d'exil finirent par surprendre le fuyant que j'étais. Ce fut une joie terrible. J'attendais depuis si longtemps cette sœur officiante! Toutes mes fuites aboutissaient à cette rencontre. Elle m'explorait enfin de sa bouche et de ses mains. J'existais. Elle me débusquait dans mes refuges et mes barricades. Je gravitais autour de son corps, me prenais dans les mailles de son souffle. Je quittais mon être et nageais dans ses caresses. Elle m'arrachait à mon orphelinat. Le monde était vertige et désir. Je savais enfin l'apesanteur, connaissais l'autre terre humaine. Au même moment, un Américain bondissait sur la lune.

Une femme fermait les yeux sur mes maladresses et souriait de mes peurs. Elle savait ma fragilité de mâle qui ne jure que par la rigidité du membre divin. Sous ses mains, sous ses lèvres, je découvrais toutes

les plaines de mon corps et c'était presque doulou-
reux. Je frémissais et me défaisais sous des touchers
qui n'avaient plus rien du combat. J'apprenais le
corps, fou de tendresse et de dureté, de peur et de certitudes. Il aurait pourtant suffi d'un mot, d'un mor-
ceau de phrase pour que je devienne le plus odieux
des hommes. J'aurais pu accuser cette initiatrice d'être
à la source de mes impuissances et de mes blocages.
Ma peau craquait. J'étais enfin celui qu'on m'interdi-
sait d'être. À chaque caresse, à chaque baiser, des
strates se détachaient de ma poitrine. J'échappais à
ma peur et aux hésitations. Les mots brûlaient et dansaient sous les doigts. J'étais l'homme barbouillé des
cendres de son enfance qui connaissait enfin l'illumination. Il avait fallu des siècles pour plonger dans ce
matin où les corps n'ont plus qu'à se mesurer d'un
pôle à l'autre. J'étais de pierre mais une femme se
moulait à mes duretés. Je savais maintenant. J'étais
plein d'étincelles et de flammes. Une femme me faisait
homme. Mon corps de guerrier avait eu ses hésitations
mais il y avait la tendresse et les caresses, le corps qui
se soude à un autre corps pour dériver dans l'abolition
du temps. Elle m'avait rassuré et inquiété, mais avec
quelle générosité! Il ne me restait plus qu'à être.

Instinct, peur, sentiment de rapt et splendeur, ce
bouche à bouche, ce corps à corps m'a fait m'étirer des
racines du ciel aux fondations de la terre. La pleine
gravitation amoureuse, les effleurements et les baisers,
la danse qui présente le corps à l'autre corps, je les
avais enfin vécus. J'avais réinventé l'univers, nommé
de ma bouche et de mes mains et de mon sexe le
paradis. J'avais mille ans dans ma raison vacillante,

dans ses limites, dans son espace et son temps. Après toutes les caresses et cette explosion qui plie les âmes, je m'étais faufilé dans l'éden où l'un est l'autre. Je savais enfin la vie.

LES TROIS
TANTES

Je l'avoue: le féminisme a fait de moi un homme de paroles, celui que, peut-être, les femmes ont si souvent interpellé. Il a fait de moi un homme plus humain et plus conscient. J'aurais pu me braquer comme plusieurs l'ont fait, me replier dans mes habitudes et refuser tout questionnement. Pourquoi cette parole ébranlait-elle mes certitudes et mes regards sur le monde? Je sais maintenant. Les féministes touchaient un petit garçon perdu dans le monde, un enfant qui ne pouvait oublier ses promesses.

Elles étaient trois. Trois femmes qui avaient épousé les trois frères. Les deux premières vivaient dans mon village et la troisième, dans une paroisse environnante. Je ne les ai jamais vues. L'une d'elles habitait la maison voisine de la nôtre. Parfois, je distinguais son profil à la fenêtre. Sa présence se révélait au frémissement d'un rideau. Elle était là, nous le savions. Elle rôdait un peu avant de s'évanouir au plus creux de sa grande maison, élevait des enfants que je côtoyais à la petite école. Certains avaient des problèmes d'élocution et d'apprentissage, d'autres partageaient mes jeux mais je les regardais différemment. Ils étaient des exclus.

Elles ne participaient pas aux fêtes familiales. Jamais, je ne les ai vues à la messe le dimanche ou lors d'une célébration religieuse. Mes trois tantes vivaient en cloîtrées. Plus menteurs et plus extravagants les uns que les autres, mes oncles débarquaient à la maison sans prévenir et c'était la fête. Ils inventaient des histoires, semaient les rires et la bonne humeur avec générosité.

Toutes trois vivaient loin des hommes et des femmes, convaincues, sûrement, que Dieu les avait abandonnées. Propriété privée de mes oncles qui usaient des coups et de toutes les violences, elles s'anéantissaient devant des maris sans compassion. Des enfants venaient au monde à chaque année. C'était le seul moment où une étrangère se faufilait dans ces maisons mystérieuses. Elles avaient perdu leurs corps, leurs gestes et sans doute, n'avaient plus que très peu de mots. Un matin de printemps, elles avaient dit non à tous les plaisirs sans le savoir, avaient pris la direction du bagne en croyant au bonheur. Le geôlier était si beau et si fier.

Mes tantes n'ont jamais su ce qu'était une caresse ou une main offerte. Jamais. Pas de complicité, d'amour et de sourire. Juste de la rage et des insultes. En disant oui, elles avaient accepté d'être des spectres. La paroisse était un peu honteuse de ce qui arrivait à mes tantes. Les gens baissaient la tête, en parlaient parfois avec réticence. Seul le curé Gaudiose aurait pu changer les choses mais il n'a jamais élevé la voix. Mes tantes étaient responsables de la folie de mes oncles. Elles étaient surtout coupables d'être femmes même si le procès n'a jamais eu lieu. Elles étaient violées, agressées et condamnées au devoir et aux services sexuels. Tout était permis ou à peu près dans les geôles sacrées du mariage. Souvent, des cris et des hurlements me figeaient dans mes jeux. Mes parents baissaient la tête en ravalant leurs mots. Ils ne savaient quel geste poser. Je n'osais pas avoir de questions. Ma famille ignorait ces tantes, sauf quand il y avait maladie ou mortalité. Les liens parentaux étaient alors plus fort que les blasphèmes de mes oncles et les cris de mes tantes. On disait de mes tantes qu'elles étaient folles.

Je devais avoir quinze ou seize ans. La petite maison s'enfonçait lourdement dans le sol, au bout du rang qui menait à notre paradis d'été. Une petite demeure tapissée de cet horrible revêtement bleu qui avait remplacé les bardeaux. Les fenêtres étaient masquées par des rideaux épais. Mon père et moi avions promis de donner un coup de main à mon oncle pour les récoltes. Il était venu auparavant avec ses chevaux pour ramasser l'avoine dans des champs transformés en bourbier par les pluies d'automne. Je n'oublierai jamais le silence, cette présence étouffante qui saisissait dès que l'on entrait dans cette tanière. La lumière avait du mal à s'y faufiler. Les rires de mon oncle n'arrivaient pas à chasser le malaise. Ses histoires ne me faisaient plus rire. Je percevais la respiration de ma tante, je devinais ses gestes. La maison était un corps qui répondait au moindre de ses mouvements. Je me retenais pour ne pas lever les yeux. Ma tante savait se faire invisible. Je n'oublierai jamais.

Mes trois tantes avaient été emmurées vivantes, condamnées à perpétuité, sans libération conditionnelle et sans remise de peine. Comment aurais-je pu oublier le malaise de ce midi d'automne? Mon père n'avait rien dit de tout le repas. Les hurlements, les cris et les pleurs avaient fini par donner une couleur particulière aux murs. Les enfants avaient fui à peine rendus à l'adolescence. J'ai juré alors en serrant les poings. Un jour, je ferais revivre mes trois tantes dans un livre. Il y aurait une fenêtre, avec quatre carreaux, un rideau, une main aussi et peut-être juste un souffle dans la lumière du midi. Il y aurait un petit garçon, debout dans le jour, les poings fermés dans ses grosses mitaines. Un grand chien fou tournerait dans ses jappements. J'écrirais le roman mais j'oublierais la fenêtre et le petit garçon. Vingt ans plus tard, ce serait le sujet des *Oiseaux de glace*[10].

Tout est là. Enfant, j'avais fait fuir une tante par mon regard de petit homme certain du monde. Je ne voulais pas oublier. Thérèse a pris le visage de ces trois sœurs dans *Les Oiseaux de glace*[10]. C'était ma façon de tenir promesse. Elle n'a droit à aucune révolte. Elle tourne dans la nuit, certaine d'avoir été abandonnée par Dieu et tous les humains. Elle fige dans ses gestes, écrase ses idées et ses désirs pour survivre en étant hors de soi quand Ovide s'écrase sur elle. Après plusieurs enfants, elle ne sera rien dans sa tête, dans ce corps qui ne sait qu'attirer coups et blessures. Elle survit aux rages d'Ovide qui se régénère dans la violence et la mort, se penche sur l'enfant venu d'elle sans aucune émotion. Peut-être qu'il sera un autre Ovide, un Floribert qui bondira encore si elle a l'audace de prendre un peu d'espace dans la nuit.

Émile, Ovide et surtout Thérèse, auront réussi à m'acculer au bout de toutes les phrases. Je perdais mes mots et ne savais que balbutier devant les journalistes à la parution des *Oiseaux de glace*[10]. Quelles histoires pouvais-je bien inventer? Que j'étais du monde de mes oncles par hérédité, que le jeune garçon avait bien mal su tenir ses promesses, qu'après avoir ficelé mes cris et mes élans, j'avais raffiné l'art de l'esquive en m'inventant des romans à partir de ceux de mes oncles?

Je baisse la tête et mes yeux ne peuvent se détacher de mes mains. Mes oncles avaient les mêmes et ils ont construit ces maisons où, depuis Adam, les tantes des petits garçons sont cloîtrées. J'étais responsable, solidaire et terriblement seul.

Mes tantes croyaient choisir la vie, un matin de printemps, en disant oui dans un souffle et elles avaient heurté la mort. Maintenant, elles étaient des étrangères, des sœurs qui tendaient une main tremblante par-delà le temps et l'espace. Elles osaient dire l'incroyable misère, la douleur de leurs ombres fuyantes. Elles touchaient leurs corps, ouvraient la bouche et ne savaient que cracher des hoquets, des cris et des râlements. Des femmes expliquaient la folie de mes tantes et j'entendais les hurlements qui m'avaient figé dans mes jeux. Mes tantes surgissaient du fond de mon enfance, tout doucement pour s'avancer dans la beauté du jour.

La parole féministe me frappa en pleine poitrine. C'était la voix de ma marraine, celle qui s'évanouissait dans un frémissement d'être. Les féministes utilisaient les mots des emmurées vivantes, des condamnées à vie et des suppliciées du mariage. Elles témoignaient contre mes oncles, parlaient et c'était miracle que si peu de colère ne fuse dans ces mots arrachés à un passé millénaire. Les muettes amenaient leurs dépositions et élaboraient la charte des droits des femmes. Elles s'enivraient de mots et de phrases. Il était enfin possible de briser le carcan des siècles. L'euphorie de la parole, après tant de silence, emporta tout.

La fatalité du corps, venue de la nuit des temps, la condamnation de Yahvé Dieu, se transformait en désir volontaire et responsabilité partagée. La reproduction ne serait possible, dorénavant, qu'avec le consentement des femmes. Elles retrouvaient l'entière géographie de leur corps, la pleine autonomie biologique et exigeaient le volontariat des hommes. Le patriarcat était aboli et la responsabilité de la vie des enfants se partageait après négociations et ententes. Certains hommes ont imaginé que la paternité leur était désormais interdite. Il n'était pourtant question que de responsabilité. On ne réalise sans doute pas encore le bouleversement qu'amenèrent ces revendications dans les idées et les comportements. Il n'y avait plus d'obligation et de fatalité mais un choix conscient et volontaire. La loi de l'irresponsabilité, de la violence et de l'agression tombait.

Si j'avais dit non à la paternité avant mes premiers soupirs et mes premiers élans, je n'avais pas pour autant choisi la continence et la sainteté. Je léguais ma responsabilité aux féministes. La contraception réglait tout. Nous n'abordions jamais ce sujet entre hommes.

La question se cristallisa sur le droit à l'avortement. Le débat tourna à l'affrontement. L'Église refusa obstinément de remettre aux femmes le contrôle des naissances, de reconnaître leur intégrité physique et intellectuelle. Qui était le propriétaire des fonctions biologiques des femmes? Qui était à l'origine de la vie? Qui était responsable de la vie? J'ai toujours mal compris l'obstination des hommes à revendiquer le contrôle absolu du corps de la femme quand ils font si peu de cas des vivants.

Je commençais à défaire des nœuds. Mes habitudes et mes droits ancestraux étaient particulièrement lourds. Les femmes souhaitaient le dialogue mais n'eurent que quelques volontaires prêts à négocier. Il en a toujours été ainsi. Les hommes préfèrent inventer et défaire le monde plutôt que de s'attaquer à leurs émotions, à leurs amours et à leurs comportements. J'étais piégé dans ma raison, je n'avais plus le dernier mot par hérédité et je me blessais dans mes silences. Les hommes ont toujours cru régler leurs problèmes émotionnels et existentiels en se barricadant dans le mutisme. Je restais discret devant ces femmes amputées de visage et de bouche qui n'hésitaient pas à remonter jusqu'au paléolithique pour se doter d'une histoire. Mes ancêtres avaient biffé leurs noms, de génération en génération, pour les noyer dans le temps des grands mâles. Plus jamais les femmes ne vivraient le martyr de mes trois tantes, scandaient-elles. Je voulais tellement qu'elles aient raison.

L'HOMME DE TOUS LES ÉCHECS

J'en rêvais depuis toujours. Je n'avais pu imaginer d'autre façon d'être dans le monde: je serais écrivain. Tous mes gestes me portaient vers ce métier qui n'en était pas un. J'ai voulu être écrivain dès que j'ai su lire. Je serais raconteur, rapporteur, montreur et diseur de vérités. Je m'étais entraîné à raconter des histoires qui ne savaient comment se terminer depuis l'âge de douze ans. À vingt-quatre ans, je relisais les mots de mes poèmes sans trop y croire. Mon rêve était pourtant devenu une réalité. *L'Octobre des Indiens* [11] et *Anna-Belle* [12] me sacraient écrivain. Je plongeais dans le monde de la littérature. C'était en 1971, à Montréal. Je savais maintenant: il suffisait de me trouver un vrai refuge pour permettre aux œuvres de germer. Les forêts, le ciel qui se répand d'un horizon à l'autre, les grandes surfaces neigeuses qui vous abandonnent debout au milieu du monde, étaient essentiels à ma phrase. Je ne pouvais plus m'attarder à Montréal. Je suis donc rentré au village.

Je ne laissais rien derrière moi. J'ai déniché au bout du monde, dans la paix et la solitude, un grand refuge. Je survivrais en étant bûcheron par intermittence. Le succès, un jour ou l'autre, finirait par me rejoindre.

Dans cette habitation, vite hantée par une tribu de chats, cernée par la neige et attaquée par tous les vents, l'écriture s'est curieusement enrayée. Mon horizon romanesque s'est bouché. Je me secouais le matin et le blanc du monde bondissait par les fenêtres, s'accumulait dans les pages. Comment apprivoiser le mot?

[65]

Je me faufilais entre les arbres, dans la lumière crue du jour, déboulais les abords de la grande rivière et me penchais sur les formes étranges qui poussaient dans les chutes et le froid. Si les rages de l'hiver n'arrivaient pas à museler l'Ashuapmushuan, je parviendrais bien à casser mon silence.

Au bout du jour, après avoir secoué mes raquettes, je coulais dans les roses translucides et les bleus qui râpaient le ciel. La menace de la nuit pouvait s'avancer dans toute sa beauté. Dans le noir, la phrase finirait peut-être par se dégourdir, viendrait comme une nouvelle famille de chatons. J'avais le temps. À bout de solitude, perdu dans mon corps, je sortais encore avec la lune sur les épaules, sous des guipures d'étoiles qui se moquaient de mes angoisses de souffleur de mots. Je marchais pendant des heures, effarouché par mon souffle et le bruit de mes pas dans la neige.

Une fois la semaine, je me faufilais jusqu'au village où ma mère parlait, tournait, astiquait une maison sans réussir à calmer ses mains. Après des centaines de phrases, étourdi, je m'engouffrais dans le seul hôtel du coin, y retrouvais ceux qui, comme moi, avaient arpenté la grande ville. Ils étaient revenus et leur vie allait tout de travers depuis.

Après des dizaines de verres, le temps des amours sonnait. Une amie, jusqu'au matin, à l'abri des étoiles et des rires de la lune, me laissait flotter dans ses bras. J'astiquais mon corps à sa peau jusqu'à l'usure. Le jour revenu, je quittais sans un mot, m'enfonçais dans les épaisseurs d'épinettes. Je voulais m'y dissoudre. Là-bas, la page luisait sur la table. Toute la neige du pays s'y entassait.

Je n'ai pas vu le printemps venir. Les chattes multipliaient les expériences génétiques et je m'étirais dans le soleil. C'était le matin. Je remuais un bout de terre laissé en friche depuis des années. L'été chassait mon angoisse. Je voulais retrouver les grands jardins de mon enfance, les haricots, les pommes de terre, la salade et les carottes. J'avais surtout envie de me coller à la terre chaude et odorante pour me réconcilier avec le monde. Je retrouvais les gestes de mon père dans un nuage de maringouins. Et il est arrivé. L'homme ressemblait à un Amérindien avec sa tignasse noire et ses yeux de granite. Il avait un carnet et un crayon. Il était journaliste. Nous parlâmes pendant des heures. Il écrivait, j'écrivais. Du moins j'avais écrit. Il en réchappa une grande page, dans un hebdo de la région, avec une photo où je caressais les oreilles de ma chatte tigrée. Il y parlait de Caldwell et du *Petit arpent du bon Dieu* [13], du roman qui résistait à toutes les menaces, des livres qui m'attendaient. Cet article me rassura. J'en oubliai mon hiver et mes élans perdus entre les arbres.

Guy-Marc Fournier revint quelques jours plus tard. Il en avait assez du métier. Nous avons décidé, après plusieurs bières, de changer nos vies. Je serais journaliste et lui écrirait son roman dans la grande maison. Je déménageai à Roberval le lendemain et Guy-Marc Fournier s'installa chez moi. Il était promu gardien des chattes et rédigerait *Les ouvriers* [14], son meilleur roman. Après l'achèvement de son bouquin, il abandonna aussitôt mon refuge. Les familles des chattes furent dispersées et la maison de l'Ashuapmushuan se referma sur sa solitude, sauf pour les vacances d'été. Je n'écrirais jamais, dans le gîte du bout du monde, le roman qui me ferait passer à l'Histoire.

J'ai vite aimé discuter avec les gens, rire, brosser une image et un portrait. Je m'appliquais à témoigner tout en flirtant avec la fameuse neutralité journalistique. Un reportage, pour le journaliste, c'est la nouvelle de l'écrivain. Je me souviens d'une expédition dans le parc de Chibougamau et la Haute-Mauricie. Je suivais ces nomades, les cueilleurs de bleuets, je m'attardais dans leurs campements et faisais route avec eux pour trouver la talle qui apporterait un peu plus d'argent à la famille. J'en ramenai des portraits, des esquisses et des moments de vie. Des familles entières se débattaient pour gagner un peu d'argent. C'était mon enfance aussi, mes étés qui surgissaient dans cette réalité oubliée des médias. Je côtoyais les personnages de Steinbeck. Il y avait un prix pour les Blancs et un autre pour les cueilleurs amérindiens. Les Cris recevaient deux fois moins d'argent que les Blancs pour leurs bleuets. Le racisme existait dans mon coin de pays.

J'apprenais la réalité en quelques phrases, j'apprenais à faire de l'aquarelle avec mes mots et surtout, malgré mes états d'âme, mes opinions et mes colères intérieures, il fallait écrire. Je pratiquais le métier d'observateur avec application. J'aimais la coulée nerveuse et toute chaude d'émotion, l'écriture spontanée. J'imaginais Kérouac frappant frénétiquement sur sa machine après une virée qui l'avait laissé les jambes en coton devant les grognements du Pacifique. Hemingway avait pratiqué le reportage comme l'art de l'escrime lui aussi. Il fallait le mot, le ton et la phrase qui montraient l'événement. Ces années furent cruciales pour l'écrivain que je deviendrais. Mon roman était d'une patience exemplaire. Le retour à la fiction se ferait, je n'en doutais pas.

Je vécus quelques mois à Roberval, à peine le temps d'apprivoiser le lac grand comme un océan et ces aurores où l'eau bascule dans le ciel. Mon célibat n'y a jamais été menacé. J'allais souvent discuter avec le vieux Monsieur Chabot qui me montrait presque un siècle dans ses photographies. Un personnage de roman, le témoin de tous les événements de son coin de pays. Un pionnier méconnu de la photographie, un génie en son genre. Une sorte de J. A. Martin, photographe. Et puis, le temps de migrer au Saguenay est arrivé.

À Chicoutimi, je me passionnai pour le travail des peintres Hélène Beck, Jean-Guy Barbeau, Angémil Ouellet, Léo-Paul Tremblay, Jean-Paul Lapointe et Léonard Simard. Ils m'offraient des lieux à grands traits. Je les suivais à la trace, visitai Arthur Villeneuve et sa maison fresque, connus quelques cinéastes, des musiciens, des comédiens et des écrivains. J'étais curieux, un peu frénétique et anxieux de parler de tout. Naturellement, je glissais vers le roman réaliste. À défaut d'écrire, j'imaginai une saga des travailleurs de la forêt, dix romans qui couvriraient trois générations de ma famille.

Le Parti québécois était au pouvoir. C'était en 1976. L'euphorie était à peine imaginable. L'avenir était enfin palpable. Le pays rêvé, le pays imaginé, le pays traqué dans la poésie de Miron et de Chamberland n'était plus un mirage mais la réalité. Mon rêve littéraire de *L'Octobre des Indiens*[11] faisait les manchettes des journaux.

Il avait neigé, juste un peu. Nous marchions, bras dessus bras dessous, hurlant et chantant. Des gens pleuraient dans les rues. L'air avait la texture que l'on ne retrouve qu'aux premières neiges. Je respirais. Nous étions enfin un peuple. Personne ne pouvait imaginer que l'étapisme se changerait en véritable labyrinthe et qu'il serait à peu près impossible d'en trouver la sortie.

C'était avant le néo-patriarcat, avant le néolibéralisme et l'économie continentale, les marchés mondiaux et les faillites retentissantes. Je vivais un amour tout neuf avec une compagne. Je m'apprivoisais. L'envie de m'installer tout près d'elle, de me faire une petite place dans sa vie, me tenaillait. En plus, une petite fille de huit ans me fixait curieusement. Elle avait du mal à comprendre ce que je venais faire dans son existence. Surtout, elle saurait me rappeler pendant des années que j'étais le deuxième homme.

J'avançais du côté caché du mur, basculais au cœur de la page et tout mon corps était mordu par une armée de mots nouveaux. Des femmes dénonçaient les abus, pointaient mes phrases et discutaient mes conclusions. Je n'oublierai jamais la voix qui appelait tous les jours, au journal, à la même heure. Une femme me racontait sa vie, la violence qui s'était accaparée de son quotidien. Elle pleurait parfois, ne savait plus où se jeter. Je n'arrivais pas à ouvrir la bouche, écoutais une heure et raccrochais avec un trou dans la pensée.

Ma génération avait aboli toute violence et toute

peur, j'en étais certain. Et puis le doute me tenaillait. Moi aussi... Peut-être qu'une fille, lors de mes grandes manœuvres et mes charges d'orignal enamouré, avait fui mes mots et mes gestes. J'étais aussi une menace. Cette idée me faisait mal.

Je possédais ma carte de travailleur syndiqué et m'initiais à la vie de couple et de père par intérim, me confrontais à mes utopies égalitaires, apprenais à côtoyer un patron, moi qui n'avais jamais accepté une directive.

Le journaliste et l'écrivain se bousculaient. J'avais banni les auteurs étrangers de mes chroniques. Les romanciers québécois prenaient toute la place. J'avais la dent dure et la réplique cinglante. Tout naturellement, comme écrivain, je me repliais vers le monde de mon enfance. La direction avait été prise dans *L'Octobre des Indiens* [11] et *Anna-Belle* [12]. Bien plus qu'un nouveau roman, comme l'a dit la critique, *Anna-Belle* [12] était un manifeste qui traçait les chemins de ma littérature.

Le féminisme me rejoignait dans mes encoignures. Je m'essoufflais dans mes certitudes et regardais mes réflexes avec curiosité. L'idée du *Violoneux* [15] s'imposa à mon esprit. Philippe Laforge était l'homme de tous les imaginaires. À la fois artiste et paysan, passé et futur, il avait à briser sa clandestinité. Son suicide marquait l'impossibilité du pays et de l'avenir. Rogné par ses enfermements, il cédait le pas à Geneviève-Marie, sa fille. L'héritière prenait la place du fils anonyme, inventait l'avenir qui, dans ce pays, ne se laisse jamais cerner.

Je fouillais en moi. L'écrivain était maintenant journaliste et le fils de bûcheron sillonnait les routes avec un crayon à la main. J'étais un faiseur d'actualité. Philippe Laforge était la rencontre de tous les hommes qu'il y avait en moi. Il était mon père, le héros usé par le travail, le poète qui se cachait dans un village où le mot ne servait qu'à provoquer, le forgeur d'images qui n'osait s'affirmer devant ses frères et ses voisins. J'avais à trouver de nouvelles racines avec Geneviève-Marie. J'étais écartelé entre le détrousseur de montagnes et l'écrivain anonyme, le journaliste et le poète.

J'étais en retard sur cette vague pré-référendaire qui avait vu une foule d'auteurs raconter le Québec rural et créer une littérature anecdotique. Je classais les expressions de mon père, les histoires de mes oncles et jonglais avec la question que me poserait René Lévesque. Les rires et les plaisanteries masquaient la tragédie. Je piégeais des hommes condamnés à vivre hors de leurs émotions et qui explosent comme des bombes; des hommes qui ne savent que hurler, rire et blasphémer. J'étais doué pour la marginalité.

La campagne référendaire s'était amorcée avec des envolées remarquables à l'Assemblée nationale. Le temps de dire oui à sa langue, à sa culture, à sa différence, aux luttes menées depuis 1763 était enfin arrivé. Nous avions à être dignes de l'Histoire. Nous avancerions dans la Grande réserve, drapeau devant, pour dire au monde entier que nous étions la nation française d'Amérique oubliée depuis deux siècles; nous chasserions l'ombre qui nous étouffait depuis les plaines d'Abraham. La route était jonchée d'épitaphes et de noms effacés mais des gestes, des cris, des douleurs trouveraient enfin un sens. La lutte des femmes et les rêves de nos pères auraient un aboutissement.

Les journaux montraient les ratés d'une campagne qui boitait mais je fermais les yeux.

Le soleil et les grands vents tournaient sur le lac Saint-Jean avant de s'engouffrer dans la vallée du Saguenay. Un grand rassemblement devait marquer la venue de René Lévesque à Jonquière. Des haut-parleurs diffusaient les discours hors du stade, les drapeaux claquaient avec les cris et les applaudissements. J'étais sur le mont Jacob, un peu en retrait de la ville. Des bouts de phrases, des intonations montaient jusqu'à moi, selon les caprices du vent. Des mots arrachés au murmure, isolés du discours et qui flottaient avant d'être poussés vers les gouffres du fjord. Ce serait l'image de cette campagne référendaire. Il n'y a eu que des murmures, que quelques mots qui roulaient avec les pages du journal, le matin, dans les rues de Jonquière. Le bond dans l'avenir, le rêve tant espéré se défaisait. Ce fut une culbute dramatique.

Les vaincus de 1763, les Français britanniques par obligation, pouvaient refuser, de façon démocratique, leur droit de propriété sur ce territoire acquis par la guerre des berceaux. Ils pouvaient demeurer des vaincus. Ce fut l'empoignade et la pire des confusions. Le non pouvait aussi être un oui. Les inventeurs de la Révolution tranquille avaient à décider qui du oui ou du non serait un non ou un oui. Ce fut non, un vrai. Le rêve souverainiste tanguait. Les stratégies prenaient le pas. J'avais trente-quatre ans, le vingt mai 1980. Le passé bouchait tous les lendemains. On ne dira jamais assez ce que ce non a signifié pour ma génération. Tous les rêves de ma jeunesse un peu extravagante et insolente étaient piétinés. Il m'a semblé

[73]

alors que jamais plus nous n'oserions avoir de rêves.

Le vingt mai 1980, la grande marche amorcée en 1763 perdait sa direction. Les immolées du combat démographique sont reniées. Notre mémoire s'est trouée. Avec deux siècles de retard, le peuple élu, les francophones d'Amérique, accepte son état de vaincu. Plus tard encore, la loi 86 concoctée par Claude Ryan, confirmera que nous acceptons l'assimilation. C'était en 1993. Avec le temps, nous avions désappris la résistance à force de résister.

Il serait injuste de tout ratatiner à ce constat lapidaire. Une ambiguïté s'était installée, dès le lendemain de la Défaite, sur les frontières du territoire national à reconquérir. Après 1763, les prisonniers du Nouveau Monde rêvaient de l'Amérique française, celle qui s'étendait de Gaspé à Bâton Rouge. Ils refusaient de voir dans la Grande réserve le seul et unique territoire de la nation française d'Amérique. De 1763 à Pierre Elliott Trudeau, de la Défaite au référendum de 1980, c'est le cœur de nos différends nationalistes et de notre quête d'identité. Notre territoire sera-t-il celui de la Grande réserve ou celui de la grande nation française d'Amérique d'avant 1763? Notre projet affirmationniste est mal dans ses frontières et ses territoires. L'opposition des fédéralistes et des indépendantistes trouve sa source dans cette vision de l'Amérique française. Si on oublie les frontières, les discours ont une étonnante similitude.

L'Amérique française s'est ratatinée, peu à peu, à la dimension du Canada. Il n'est plus raisonnable de rêver du Québec d'en bas ou de la Louisiane. Pierre Elliott Trudeau, le dernier des grands défenseurs de notre vision américaine, biffe la Défaite de 1763, dessine un Canada francophone d'un océan à l'autre. L'empire mythique est reconstitué par le bilinguisme. Les francophones et les anglophones, dans le rêve de Trudeau, possèdent le Canada dans leur langue respective. Projet ambitieux, généreux mais tout à fait irréaliste.

René Lévesque avait incarné le pragmatisme. Les terres occupées de la Grande réserve forment le seul et unique territoire national du Québec souverain. Un projet qui repose sur les faits historiques. Nos seuls territoires sont ceux que la guerre des femmes a permis d'occuper. Les colonies de l'Ouest et les Acadiens des Maritimes sont largués. René Lévesque sacrifia au mythe pourtant en essayant de mettre un trait d'union entre le territoire réel du Québec et le Canada de Trudeau. La souveraineté-association relevait de l'utopie.

J'ai tout oublié le vingt mai 1980, refusé mon espace et ma durée. Est-ce que je vais me regarder disparaître tout doucement dans la mer anglophone de l'Amérique en me croisant les bras ? J'ai encore une réponse à formuler.

J'ai pris du temps à cicatriser le non du vingt mai 1980, cette journée qui a égorgé l'espoir. Je me souviens des images que la télévision diffusait. Elles m'émeuvent à chaque fois qu'on les repasse. Les drapeaux flottent mollement. Le pays vient d'être rejeté. René Lévesque a peine à contenir son émotion. Un peu plus chiffonné que d'habitude, il tend les mains vers un homme qui pleure et serre son fils sur sa poitrine. Il a fait ce geste si souvent. Comment oublier son rictus et son air de chien battu ? La mer Rouge s'est refermée sur notre prophète et notre pays imaginé.

La victoire du non aura des conséquences dramatiques pour le Québec. Le gouvernement Lévesque perd son âme et presque sa légitimité. Le rêve est fracassé. Amputé dans mes rêves, j'aiguisais mon regard cynique de journaliste. Gaston Miron s'était transformé en une sorte d'ambassadeur, Paul Chamberland s'était évadé dans une cosmogonie où je ne le reconnaissais plus. Pierre Elliott Trudeau fait son entrée dans l'Histoire. Il a contraint le héros souverainiste à l'humiliation suprême du beau risque. Lévesque s'est laissé tenter, donnant ainsi un sens immuable à une erreur de parcours. Une négociation lamentable, une humiliation que peu de leaders québécois auront à subir. Le beau risque resta une farce grossière pour tous les Québécois, qu'ils soient nationalistes à la québécoise ou à la canadienne. Les barons provinciaux s'étaient amusés. Québec resterait une province. Ils répéteraient la sainte alliance devant Mulroney et Bourassa.

Le Parti québécois était agité de spasmes. L'inflation et le gel des salaires faisaient vaciller toutes les décisions. J'entrais en hibernation. Il fallait réapprendre à marcher dans des mondes qui m'avaient rejeté. Tout se déglinguait. La carrière politique de René Lévesque se terminera dans une incroyable bouffonnerie télévisuelle. Dernière humiliation pour le héros fatigué.

Il fallait bondir et nous nous étions agenouillés. Trudeau placarda sa Constitution dans l'indifférence générale, affirmant avoir sauvé la Confédération pour les siècles à venir. Sa majesté Élisabeth n'avait plus qu'à le sacrer Sir. Les fédéralistes avaient parlé de stabilité, de confiance et l'économie connaît des soubresauts. Les taux d'intérêts grimpent à des sommets jamais vus. Les politicologues et les sociologues sont pointés du doigt, les rêves humanistes ridiculisés. Les penseurs de la Révolution tranquille se retrouvent sur le banc des accusés. Rationalisation, dégraissage et rentabilisation sont les mots que l'on placarde partout. L'économisme roule des muscles. Le concept de l'État national moderne est ébranlé. Trudeau va jusqu'à contrôler les salaires pour mâter une inflation qui ne peut être bridée. Le ton est donné. L'État va mettre son nez dans les conventions collectives, le territoire sacré du travail. La société, qui a su porter mes élans, répondre à mes rêves, est maudite et source de mal.

Pendant ce temps, je décortique mes ouvrages, parcours des pistes cachées, trouve des couleurs que j'avais ignorées. J'écris, dans un carnet noir, les deuils de ma vie, fouille mon enfance, tente de mettre des mots sur tout l'être que je suis. Je recommence chaque jour, rôde, me heurte à ma mère, à des compagnes et à des femmes. Je me blesse à mes réflexes et à des habitudes millénaires. Je suis ce moi et aussi tous les autres. Je pense souvent à la voix rauque de l'inconnue qui me téléphonait au journal. Qu'avais-je répondu? Elle était ma conscience peut-être. Il me faudrait des milliers de pages pour recoller les morceaux du Big Bang qui s'est produit après *Les Oiseaux de glace* [10].

Après *Le Violoneux* [15], je m'étais tourné vers le bûcheron, le voyageur et le sauvage dompteur de forêts. Émile s'était imposé dans *La mort d'Alexandre* [16].

[77]

Il était mon idéal de petit garçon. J'avais sillonné les forêts avec lui, celles qui menaient à Chibougamau et Val d'Or. Il suffisait de dépoussiérer les gestes, les rires, les jurons de certains de mes frères. Je retrouvais celui que j'étais peut-être encore malgré mes immersions dans les livres, l'homme qui avait pour seule ambition de bousculer les limites de l'excès. L'idole de mon enfance en serait déboulonné.

Émile ne savait pas les mots et encore moins la confiance qui permet l'abandon. Il vivait en héros, hors de son corps et de ses émotions. Il était mon frère, celui qui avait échappé malgré lui aux tornades d'Évelyne, à cette parole qui brûle tout sur son passage, qui a aspiré Alexandre pour le vider de sa substance. La vie d'Émile excluait tout partage avec les femmes. Elles étaient une menace et un fardeau. Elles l'avaient été pour l'écrivain que je voulais être à Montréal et dans la grande maison des neiges

J'amenais du vrai monde dans mes phrases. Je fis lire le manuscrit de *La mort d'Alexandre*[16] à ma mère. Je redevenais le petit garçon qui quête un privilège. Je pensais soulever une tempête de cris et de protestations. J'avais pillé mon enfance, décris la mort de mon père et livré des secrets de famille, colligé des phrases entendues des centaines de fois, des sacres et des blasphèmes, des histoires qui avaient fait les bons moments de nos rencontres familiales. Je n'étais plus romancier mais délateur.

Le roman fut publié. Ma famille se mura dans le silence comme elle avait toujours su le faire. Des critiques dirent que mes personnages manquaient de véracité dans leur langue et leur être. D'autres répétèrent qu'ils en avaient assez des jurons et des blasphèmes. J'aurais pu faire défiler des dizaines d'hommes dans les officines montréalaises. C'était mon histoire, mon vécu, c'était la langue de mes frères et des hommes qui ont accompagné mon enfance. Ils ne pouvaient se dire autrement. J'avais pourtant prévu cette réaction. Dans le roman, Richard voyait sa plaquette de poèmes repoussée par son frère Émile :

«Parent repousse le livre du bout du doigt, n'ose pas lire ces pages... Ce sont les mots de Richard. Ce livre fait partie d'un monde où lui n'a pas sa place.»

Le rejet de *La mort d'Alexandre*[16] et des *Oiseaux de glace*[10], plus tard, serait le pire coup que je pouvais encaisser. Je m'étais isolé de mon village et la famille littéraire me chassait. *Les Oiseaux de glace*[10] fermait définitivement la grande saga des travailleurs de la forêt. Le héros, capable de culbuter les montagnes et d'affronter l'hiver à mains nues, était un batteur de femme et un violeur. Ce roman, j'ai encore du mal à en parler. J'y ai effleuré l'innommable et le non-dit.

J'avais perdu un pays et je doutais de ma décision prise au sortir de l'adolescence. Étais-je écrivain ? Je ne savais plus. J'étais l'homme de tous les échecs. Jamais je n'ai été si près de renoncer à mon serment de jeunesse. Mon univers de romancier s'était désintégré. J'écrivais des suites à mon roman pour me justifier, n'arrivais pas à oublier la rage d'Ovide et sa folie. J'avais pu décrire autant de violence et de haine... Comment un homme peut-il tuer tout ce qu'il aime ? Thérèse, allongée dans la neige au cœur de la nuit, seule sur la planète, face à l'immensité des étoiles, les deux mains sur son ventre rond, me tourmentait.

[79]

L'homme, incapable de parler, tuait. Il suffisait d'un geste et il basculait dans la rage et la démence. J'avais vu ces hommes, les avais affrontés dans des rages où ils étaient capables de pulvériser la planète à coups de hache. Les images de mon enfance prenaient une autre signification. Un roman, un autre, flottait dans l'air mais les mots me blessaient. J'avais perdu ma certitude du monde. Je resterais un écrivain obscur, un romancier vite recouvert par l'oubli, le temps et l'espace. J'étais au bout de la phrase, à l'instant où Philippe Laforge se passe la corde au cou. J'en aurais pour dix ans à me refaire une certitude.

Les féministes sont étourdies. Le Référendum leur a assené un véritable coup de massue. Les dénonciatrices se taisent et ne savent plus revendiquer. Le non les a bâillonnées pour vingt ans. Elles ont gagné le travail et les études pour inventer bien péniblement la famille monoparentale. Au plus noir de mes échecs, je suis seul avec mes pulsions et mes désirs. Elles ne sont plus là pour me houspiller et interroger mes réflexes. L'incubation commence pour l'homme que je suis.

Les Yvette auront joué le plus grand match politique de notre Histoire. Pour la première fois, les femmes ont été profondément divisées face au référendum. Les militantes de la Révolution tranquille, les fondatrices de l'autonomie corporelle, celles qui ont repoussé la fatalité biologique se sont dressées devant une mère qui avait peur du changement. On ne leur pardonnera jamais. Elles n'avaient pas le droit de se diviser sur notre avenir politique comme les hommes le sont depuis deux cents ans. Le Québec ne sera pas un État national souverain par la faute des féministes. Lise Payette a réveillé les forces obscures de la peur. Les rebelles, les volontaires qui m'avaient suivi dans mes rêves et mes utopies, étaient les grandes responsables de mon échec. L'effacée, l'oubliée, la discrète renversait sa fille trop audacieuse, celle qui était descendue dans la rue en levant le poing. Les analystes se pincent le nez et ferment les yeux. On parla de tournant, de moment crucial. Lise Payette expia au nom de toutes. La question référendaire, par une curieuse pirouette, était déviée. J'ai eu alors l'impression d'avoir eu à choisir, le vingt mai 1980, entre le féminisme et la pensée patriarcale. Les femmes ne s'en remettront jamais. Le féminisme fut éviscéré. Dans la décennie qui a suivi, les revendications des femmes ont été ridiculisées. Plus, elles ont été qualifiées d'extrémistes et de fanatiques. Des années de matraquage qui préparent le retour de la raison musculaire.

Après avoir esquissé la société égalitaire, juste et pacifique, le monde s'était écroulé. J'avais été filouté. Ceux à qui j'avais fait confiance m'avaient volé un rêve et l'avenir. Quel naïf! Comment me retrouver dans la phrase sans équivoque et sans interprétation? J'ai eu la sensation de glisser dans un trou noir. Qu'importe si je restais méconnu et oublié. L'espace d'écriture, c'était ma vie. Je ne survivrais qu'en affrontant les mots. La direction que j'avais prise au temps des adolescences était la bonne malgré les déséquilibres.

En même temps, je devins un militant du marathon. De longues sorties d'entraînement avalent presque tout mon temps. Je cours derrière un mirage, à grandes foulées, devant mon ombre, consacre des mois à préparer la grand-messe qu'était alors le marathon de Montréal. J'y consacre des heures pour franchir le moment où les muscles s'enrayent, où chaque foulée se charge du poids du monde. Je dompte ce corps qui pèse le poids de la galaxie, m'entraîne à la volonté, garde le rythme, tôt, au commencement du jour alors que les hommes et les femmes dorment encore. Je file avec le chant des oiseaux et me grise des odeurs de la nuit. Je cours pour oublier mon corps et fuir la page. Je défie les vents, plus rapide que la poudrerie, en hiver. J'ai perdu mon pays mais je vaincrai l'espace.

De l'autre côté du mur, les hommes font des ravages. Je me blesse à des statistiques affolantes quand je reprends mon souffle. Je n'ai pas répondu aux interpellations des féministes. Leur silence maintenant me frappe en plein visage. L'expérience sociale du féminisme est terminée. Je nage dans l'ère du fini et du limité. Le nœud familial est défait. Je m'écorche encore une fois les mains. Les hommes et les femmes sombrent dans la plus incroyable des solitudes. *L'âge de la parole*[23] a pris fin un matin de printemps. Il faisait beau, je ne m'en souviens plus.

Le monde exploré, crinière et barbe au vent, se dérobe. Le paradis social dont nous rêvions est arpenté, cadastré et souillé. Je suis le pollueur, le mangeur d'ozone, l'affameur du Tiers-Monde. Je suis trop gras, profiteur, syndiqué arrogant, consommateur irresponsable et halluciné social. Je n'ai plus que des tares égalitaires et des rêves de jouisseur attardé. Je suis cerné. La sécheresse, la surproduction et les cancers, les retraites prématurées et des impôts inflationnistes sont ma responsabilité. Les comptables me vendent un capitalisme pur et dur. Les forêts sont rasées et les terres chimifiées. Le cancer frappe au corps et la liberté sexuelle a engendré les virus. Les économistes montrent l'autoroute des profits, de la productivité et de l'exportation. Libre-échange et pollution. Où sont mes camarades? Entre les hommes et les femmes, les questionnements s'étouffent. Plus personne ne parle. Les rêveurs de pays se sont coupé la langue. Les romanciers s'inscrivent au succès mondial inodore, à l'image des best-sellers écrits dans un français synthétique. Nous ferons *l'amour au temps de la ferraille*[17], nous serons Gabriel Garcia Marquez et Günter Grass. À défaut d'un vrai pays, nous nous partagerons la planète. *Pélagie*[18] a ramené un Gongourt dans sa charrette. Nous aurons la reconnaissance en changeant de nom, en arrachant nos accents pour trôner sur le palmarès américain. Le monde, l'Amérique, les Rocheuses mythiques et éternelles sont à nous.

Robert Bourassa redevient premier ministre et chef suprême de l'État. Il promet une seconde baie James. Peut-être qu'il est possible de tout effacer. Le nouveau chef, à Ottawa, parle d'honneur dans l'enthousiasme. Québec se croise les bras et le Canada n'a qu'à se renouveler.

Le moine-coureur bat l'asphalte, matin et soir, suit des diètes, s'adonne à des exercices de visualisation et jeûne par intermittence. Je suis un ascète. Tout mon temps s'égrène, chronomètre en main. Résistant, têtu, je triomphe de la douleur en souriant. Je martèle deux cents kilomètres par semaine, abandonne presque tout mon temps d'écriture au mouvement perpétuel.

[83]

Je vivrai mon Golgotha à Montréal. Le mur s'est effondré au trente-huitième kilomètre. Toutes les cellules de mon corps se sont embrasées. J'ai franchi le fil d'arrivée dans un état quasi comateux. Mon chronomètre s'était enrayé à deux heures trente-trois minutes et treize secondes. Je n'irais jamais plus vite. Je suis mort, quelque part entre le trente-huitième et le trente-neuvième kilomètre, dans une rue de Montréal. C'était en septembre. Il faisait chaud, il faisait humide, il faisait mal.

J'étais cerné. Tous les murs s'écroulaient. Mon écriture était rejetée, ma société venait de basculer, le pays s'était évanoui et mon chronomètre s'enrayait. Il me fallait tout reprendre, tout regarder pour recoller les morceaux du présent et de mon passé, pour être certain de l'avenir. Je ne pouvais rester l'homme de tous les échecs.

L'ENFANT
EFFAROUCHÉ
DU MONDE

Longtemps, mon univers a eu la dimension de la ferme familiale. La terre basculait dans le vide, au-delà de nos clôtures. Mes jeux s'organisaient avec mes frères et quelques neveux qui avaient le droit de fouler la terre sacrée. Tous les voisins étaient des intrus et des étrangers. Nous ne quittions que très rarement les alentours de la maison. Ce fut un exploit que de marauder sur la ferme et de s'adonner aux baignades dans un filet d'eau à peine plus large qu'un ruisseau qui traversait les champs. Nous avons négocié avec ma mère pendant des mois avant de profiter de cette liberté. Nous pêchions tous les jours, obstinément, traquant les malheureuses truites qui nageaient dans la petite rivière, sondant tous les coins d'ombres où elles se réfugiaient. Certains voisins nous rejoignaient parfois mais les filles ne participaient pas à nos plongeons. Si l'espace était nôtre, par hérédité, il n'en était pas de même pour elles.

La messe du dimanche et les fêtes religieuses permettaient de participer à la vie du village. J'étais fasciné par les hommes et les femmes qui entraient dans l'église, les regards et les sourires qu'ils échangeaient. J'étais surtout très intimidé. La hiérarchie y était très visible. Les notables possédaient les bancs d'en avant et les exclus se faisaient un peu plus discrets. Le banc familial était au centre, à gauche. L'ambition de mes parents était peut-être de passer inaperçu.

Les seuls étrangers à bouleverser nos jours étaient des oncles et des tantes, parfois des cousins et des cousines, qui s'installaient chez nous pour plusieurs jours parfois. La surveillance de ma mère se relâchait alors.

Les femmes discutaient des soins domestiques et les hommes plaisantaient en embellissant leurs aventures en forêt. Leurs discours débouchaient sur l'épique et l'exploit. Les mots des femmes s'enracinaient dans le quotidien et la banalité. Le monde des hommes exigeait des prouesses physiques et celui des femmes, des gestes patients et des murmures. Il y avait l'action masculine, le héros qui captait tous les regards, et le quotidien où les femmes se confondaient.

Les hommes se partageaient les champs et les forêts, les femmes le village et les maisons. Elles vivaient l'aventure dans la chambre à coucher, les exploits physiques dans la cuisine et se dépaysaient, le dimanche, en portant leurs plus belles robes à la messe. Leur monde se limitait aux quatre murs d'une vaste demeure qui prenait parfois la carrure d'un bateau. Chaque jour avait les couleurs de celui d'avant et serait comme celui qui venait. Le décret du mariage imposait la fidélité et l'obéissance. Les femmes jouaient leur vie un peu plus à chaque naissance, creusaient leur nid dans le temps et la durée. Les hommes étaient des pourvoyeurs dans un environnement souvent rude et hostile. D'un côté, l'espace des mâles et, de l'autre, le refuge des femmes. Deux planètes familières et terriblement étrangères.

Ils se battaient avec le froid, la neige, les tempêtes et les bêtes sauvages, risquaient leurs corps en étant découvreurs, explorateurs et inventeurs. Les femmes avaient l'obligation d'être infirmières, couturières, cuisinières, éducatrices et souvent administratrices. Elles s'effaçaient dans la patience quand les hommes

éclataient dans la colère et la violence. Ils se pré-
paraient, dès la petite enfance, à ces rôles sexués dans
un monde immuable. Je naviguais, sans y penser,
entre mon père et ma mère. Mes frères aînés avaient
suivi mon père en s'enfonçant dans les forêts. Ils disparaissaient pendant des mois puis ramenaient des
rires qui faisaient le tour des rencontres familiales.

Je rêvais de leurs gestes d'hommes qui ont dompté les forêts, le froid et la solitude. Ils débarquaient
avec des sacs de vêtements. Ma mère mettait des jours
à laver des chemises, des pantalons et des caleçons
qui gigotaient pendant des heures sur la corde à linge.
La guerre larvée entre les odeurs qui collaient aux
hommes et celles que ma mère remuait, en naviguant
du gros poêle à la table, n'était jamais terminée.

Souvent, je préférais les rêveries devant une fenêtre
givrée, les effluves qui se répandaient dans la cuisine
quand ma mère ouvrait le fourneau. Galettes, pains,
tartes et pâtés adoucissaient un monde rude et menacé. Elle me houspillait et je n'avais plus qu'à bondir
dans la neige et le froid. Notre présence continuelle,
nos jeux, nos murmures et nos rires finissaient par
l'exaspérer. Elle avait souvent envie d'être seule, de
ralentir ses gestes et de démêler ses idées en soufflant
sur sa tasse de thé. C'était sa façon d'oublier, pendant
quelques minutes, les tâches qui tissaient ses journées.
Le calme qui engourdissait la ferme après une abondante chute de neige, me fascinait. J'hésitais encore
plus quand le vent cisaillait la peau et s'entêtait à
labourer le paysage. Un geste me semblait sacrilège.
Je retenais mon souffle, perdais mes gestes et mes cris.
Le temps se figeait. Je passais d'abord par le hangar à

bois où l'hiver avalait tout. Après, je défaisais mes pas et poussais la grande porte de l'étable. Le dedans et le dehors se jetaient l'un sur l'autre comme un grand fauve affectueux qui bondissait et me léchait partout. C'était l'univers de mon père, les odeurs rances des bêtes. Les chevaux dormaient le nez dans la crèche pendant que les vaches mâchaient jour et nuit. Le froid germait dans la grange, là-haut sur la paille et les trèfles endormis.

L'été, nous étions tous mobilisés par les travaux. Il fallait apprendre à monter une veillotte, fouler un voyage de luzernes et manier la fourche. À douze ans, il fallait bondir dans les grandes rosées chaudes et les brumes pour ramener les vaches qui mastiquaient les premières lueurs du jour. Le monde était neuf à chaque matin. Mon enfance a été imprégnée par une foule d'arômes. Les lilas cernaient la maison, prenaient le relais des grands peupliers et inventaient les jours longs et chauds. Les trèfles et les bleuets, un peu plus loin, envahissaient l'air. Les fougères habillaient la grande rivière brûlée par le soleil, au mois d'août, s'imprégnaient du parfum du thé des bois. Le vent avait une couleur et des fragrances inoubliables. L'automne, la terre suintait au moment des labours et des récoltes. Le potager débordait d'oignons, de rhubarbe, de persil et de carottes. Choux, navets, maïs et haricots s'étaient disputé la place sur la table tout au long de l'été. Grimper les sacs d'avoine, dans le haut du hangar, en soufflant comme des forcenés pour rivaliser avec le père était le défi que nous recherchions. La récolte des pommes de terre, avant les premières gelées blanches, terminait la saison. Il restait à ramener des animaux quasi sauvages à l'étable.

Entre garçons, nous exercions nos muscles dans des affrontements toujours à recommencer. Nous apprenions à nous mordre les joues pour étouffer nos hurlements, mettions un temps fou à fabriquer des traîneaux, des petits camions et des voiturettes qui servaient à transporter du gravier, le bois de chauffage ou encore à faire les foins. Nous nous acquittions de nos corvées, beau temps mauvais temps, dans un monde où il y avait peu de place pour le futile et le gratuit. Mes parents n'avaient guère le sens des réjouissances. Nos jeux copiaient les travaux de la ferme. C'était une façon de nous familiariser avec les semences, le temps des foins, les récoltes et les chantiers d'hiver. Personne n'avait idée de passer à côté de ces modèles venus d'Adam.

J'ai dû franchir une foule d'étapes avant d'avoir le droit de porter des vêtements semblables à ceux de mon père et de mes frères. Longtemps, j'ai cru que je n'arriverais jamais à posséder des pantalons et un habit qui ne seraient qu'à moi. Ma mère entretenait avec un soin maniaque des uniformes que mes sept frères aînés avaient portés. Ils étaient là, immuables et sinistres, inusables comme la bure du moine. Des vêtements hors du temps que mes frères, en grandissant, avaient usés juste un peu plus. Mes tenues des grandes occasions venaient directement de l'album familial et de la jeunesse de mes parents. La solution était de grandir le plus rapidement possible pour échapper à ces vestiges. J'enviais les chapeaux de mon père, ses gants de cuir, ses grosses bottes, sa cravate et sa pipe. Le rasoir, la mousse à barbe étaient les outils qui me libéreraient à jamais de l'anonymat où tous les enfants se confondaient. Je n'étais personne dans ces tenues d'autrefois. Avec les premiers cent dollars que j'ai empochés, en travaillant en forêt à quinze ans, j'ai acheté un bel habit tout neuf. J'avais sué un mois mais quelle fierté j'ai ressentie à porter un veston que personne n'avait déformé auparavant. Le village tout entier, à la messe du dimanche, n'avait de regards que pour moi, j'en étais convaincu.

Chaque étape donnait des libertés dont il fallait user avec modération. Le droit de fumer ou d'ingurgiter des boissons alcoolisées, de hurler des jurons et de frapper les bêtes, de manipuler certains outils était l'aboutissement de cette longue marche. Les filles, en atteignant à toutes les surfaces de leurs corps, n'obtenaient pas un certificat d'extravagance. Elles étaient confinées à la douceur et à la discrétion. Autant les divagations et les excès étaient bien perçus chez les hommes, autant c'était mal vu chez les femmes.

Les voisines restèrent longtemps des inconnues qui bondissaient dans des figures tracées sur le sol. Je les surveillais à travers les mailles de la clôture, cherchant à percer leurs secrets. Nous vivions, chacun de son côté du monde. Les filles auraient à guérir une blessure d'un effleurement, à apaiser la fièvre et à chasser un cauchemar du bout du doigt. Elles avaient la vie qui s'enracinerait au milieu du corps pour faire éruption au grand jour dans une tempête de cris et de douleurs. Elles avaient des mains de douceur et nous n'avions que des poings.

Mon avenir était connu comme les dessins que je m'entêtais à reprendre, en tirant la langue, sur les grandes feuilles blanches. Je suivrais mon père, poserais mes pas dans les siens et apprendrais à me battre avec la douleur, la fatigue et les plus grosses épinettes de la terre. Chaque jour me rapprochait des travaux de la ferme et de la forêt. Je n'étais pas anxieux pourtant de recevoir ce legs. Je craignais ce monde où il fallait user de son corps jusqu'à épuisement. J'aurais voulu flâner dans ma vie, glisser hors du temps et échapper aux pièges de la vie des adultes.

Jamais nous ne participions aux travaux de la maison. Ma mère éloignait rapidement le petit garçon qui aurait eu parfois envie de percer le mystère de ses rites. Il y avait des exceptions. Mon père se chargeait des repas en forêt, donnant une grande importance, dans ce camp forestier, à des gestes pourtant si familiers. Un refuge où il s'isolait, pendant des jours, disparaissant dans ses pensées et ses méditations. Ma mère n'a eu droit que très rarement à la solitude et au silence. La réclusion était un privilège d'homme.

Un adulte devait apprendre à être seul. Les heures pesaient sur nos jeunes épaules. Mon père m'avait montré la forêt pour dompter la peur de ses pensées. Dans les épinettes drues comme du crin, un homme faisait la paix en lui. J'ai apprivoisé mon ombre dans le petit boisé qui limitait la ferme. J'y surveillais des collets que les lièvres flairaient. Le frottement de mes raquettes sur la piste durcie, le craquement des épinettes, la neige qui se détache d'une branche de sapin, resteront à jamais dans ma mémoire. Comment oublier les mésanges qui me suivaient, voletant d'une branche à l'autre, en se moquant des vents qui hantaient les montagnes? J'y ai appris les nouvelles neiges qui ligotent les arbres, le soleil qui se dilue dans les bourrasques et la poudrerie.

Nos premiers éléments d'érudition, filles et garçons, nous les recevions les genoux collés sous un pupitre de bois marqué de cicatrices. Nous avions à nous escrimer avec la grammaire, l'orthographe, les pièges du calcul, le dessin et le catéchisme. Mes frères m'avaient terriblement effarouché en décrivant les tortures qu'ils avaient subies à l'école sans battre une paupière. Ils en étaient particulièrement fiers. La violence physique était requise pour faire plier les plus récalcitrants. Tous les enfants y passaient, peu importe l'âge, le sexe, l'intelligence et les tares. Une classe avec ses grands à la barbe naissante, ses faibles, ses maladroits, ses bornés et ses marginaux. Les grands dominaient les plus jeunes et tous rêvaient de la Confirmation qui ouvrait les portes de la vie. C'était le diplôme qui faisait de nous des hommes. Les garçons rêvaient de quitter l'école en roulant des muscles et je m'attardais devant le grand tableau noir. L'odeur de la craie, les pages d'un livre d'histoire que l'on tournait lentement, le frottement d'un crayon sur la feuille de papier me subjuguaient.

L'art de l'obéissance s'imposait à coups de strappe. C'était l'outil pédagogique le plus important après les craies et le grand tableau. J'y ai goûté plus souvent qu'à mon tour. Une journée entière, à genoux, sur un plancher dur comme du granit, vous laissait avec une conscience aiguë de l'éternité. Il fallait se durcir, écraser la douleur et rester de marbre devant nos émotions. Nous éprouvions une grande fierté quand nous subissions la correction sans échapper une larme. Mes parents ne parlaient jamais d'éducation mais de domptage. J'étais peut-être une petite bête sauvage qu'il fallait dresser.

D'un côté les filles et de l'autre, les garçons près des grandes fenêtres aux vitres peinturées. Nous étions isolés des séductions du monde. Les vitres du haut débouchaient sur la lumière où un grand hibou tournait, en équilibre sur ses longues ailes, attaché à une ficelle invisible. Je le surveillais du coin de l'œil.

Debout, sur la petite tribune, l'étrangère jonglait avec des a et des o qui s'arrondissaient. Elle était jeune et jolie, à peine sortie de l'adolescence, une voisine presque. Elle guidait notre alphabétisation sous la surveillance d'un inspecteur qui surgissait deux ou trois fois par année. Nous avions alors à passer les tests. Calcul, dictée et catéchisme. Cette visite me rendait nerveux mais la peur faisait trouver les réponses. Elle fut parfois dure, sévère et vindicative, plus souvent souriante, douce et chaleureuse. Fascinante aussi parce qu'elle dispensait la connaissance et le savoir. J'épiais ses gestes, toujours un peu frondeur mais obéissant aux claquements du frappoir de bois, me laissant guider vers les mots, vers le savoir qui m'attiraient. Elle me montrait les mondes qu'il fallait découvrir. C'était l'envers de mon univers. Je crois que j'ai associé alors la connaissance et cette étrangère qui avait des patiences que ma mère ne possédait pas.

Le curé s'amenait pour la confession du premier vendredi du mois et la remise des bulletins. Je n'oublierai jamais son odeur d'église, mes bégaiements quand je m'agenouillais dans le corridor. Cet homme connaissait Dieu et le Diable. Il parlait fort et détenait d'étranges pouvoirs. Ma mère le répétait souvent. Tous, dans la paroisse, le disaient. Il jonglait avec les pires calamités. Le curé Gaudiose avait maudit un restaurant et quelques jours plus tard, l'établissement était en cendres. Tous le craignaient. J'avouais mes péchés et ravalais ma pénitence. Inutile d'aiguiser mes examens de conscience. La comptabilité des fautes vénielles oscillait entre le juron et les mauvaises pensées, la désobéissance et le mauvais toucher. Jamais je n'ai risqué le péché mortel qui aurait fait de moi un citoyen de l'enfer.

Les coudes sur le bois de mon pupitre, à dix ans, j'ai connu mes premiers émois littéraires. L'institutrice a fait durer toute une année la lecture de *Une de perdue et deux de retrouvées* [19]. Tous les soirs, elle nous lisait un extrait de ce roman sans fin. J'étais subjugué. J'imaginais des maisons et des visages, inventais les épisodes à venir et rêvais souvent de m'emparer du grand livre pour le lire en secret. La classe se passionnait pour cette histoire où l'on suivait les esclaves, embarquait sur des bateaux et dansait dans de grandes demeures de la Nouvelle-Orléans. On pouvait entendre voler une mouche quand l'institutrice ouvrait le grand volume cartonné. Un univers s'animait à chaque page qu'elle tournait. Le grand plaisir était d'avoir la permission de lire à haute voix.

La cour de récréation comprenait deux territoires parfaitement délimités, l'un pour les filles et l'autre pour les garçons. Nous nous retrouvions ensemble seulement pour les activités académiques. Le pire, pour le petit garçon que j'étais, était de voir son pupitre jumelé à celui d'une fille. Je rageais quand l'une d'elles me supplantait dans un combat sur les tables ou un concours d'épellation. Il allait de soi, pourtant, que les filles étaient supérieures en classe à un garçon. Un homme, un vrai, se faisait un devoir d'être un peu cancre. Même le très long corridor où s'empilaient les manteaux, les tuques et les mitaines, illustrait cette ségrégation.

Elles étaient silencieuses, rieuses et certainement aussi effarouchées que moi. Un regard, une façon de marcher, un rire, des cheveux remontés d'un geste lent, un genou qui apparaissait sous le petit pupitre, me troublaient. Plus j'avançais vers le monde des grands, plus les filles me fascinaient. Elles s'amusaient, sautaient à la corde, tournaient et chuchotaient en pouffant de rire. Parfois, l'une d'elles pointait un garçon du doigt avec un regard inexplicable.

Les lois du monde n'étaient plus les mêmes à l'école. Je pouvais inventer des gestes, rire, m'amuser, oser des questions sans que ma mère ne répète ses interdictions. J'échappais à son regard pour la première fois. J'apprenais les habitudes et les cultures d'autres familles. Des garçons de mon âge avaient des libertés et des mots que je ne connaissais pas. La vie n'était pas partout semblable.

La ferme pouvait servir à notre émancipation mais il était difficile de contourner les interdits. Mon père nous chassait de l'étable quand arrivait la saison des veaux. Il racontait qu'un corbeau nous emporterait par-delà les montagnes si jamais nous tentions de nous approcher. J'en frissonnais. Le jour où j'ai voulu m'approcher, en contournant l'immense grange, une corneille criaillait sur le toit. Jamais, je n'ai décampé aussi rapidement. Il y avait aussi le sauvage. Il distribuait les enfants chez les voisins, passait sans que jamais personne ne le voie. Le mystère planait sur les naissances et la procréation.

Nous avons lu et relu la version laroussienne du mot pénis, sein, utérus, copulation, érection en avalant nos rires. Il a fallu abdiquer. Ce n'était pas en s'usant les yeux sur les pages du dictionnaire que nous allions effacer notre ignorance. Il fallait des mots et des consentements pour connaître les filles. J'étais terriblement effarouché.

J'ai été plongé brutalement devant le mystère de façon inattendue. L'un de mes frères s'occupait des animaux pendant l'absence de mon père. Il m'a planté derrière une vache qui avait des difficultés à mettre bas. Le veau pendait. La vache meuglait tout doucement. Je devais tirer de toutes mes forces pour amener cette bête gluante de mon côté du monde. Affolé, ne sachant que faire de mes mains, j'ai appris le grand secret de l'étable.

Plus tôt, une institutrice avait failli provoquer une émeute en voulant se faire sexologue. Le curé Gaudiose était apparu, le lendemain, avant la première leçon. La veille, nous avions dû répondre à une seule question. Savions-nous d'où venaient les enfants? Il y avait eu pas mal de non et des oui si timides qu'ils voulaient dire non. Le curé Gaudiose a expédié toute la classe en récréation même si ce n'était pas l'heure. Nous sommes sortis en silence, abandonnant l'éducatrice déviante devant un curé qui serrait les poings très fort et soufflait comme s'il avait couru. Nous nous sommes agglutinés près de la porte. Le curé Gaudiose hurla pour chasser les démons qui s'étaient installés dans la petite école numéro neuf. Je pensais voir les fenêtres éclater. J'étais certain de retrouver notre institutrice foudroyée devant son bureau. Le curé est reparti tout aussi rapidement et nous avons retrouvé nos places, la tête basse, dans un silence exemplaire. L'institutrice était encore vivante. La suite du cours n'est jamais venue. Nous sommes restés, bouche ouverte et yeux ronds, sur la première phrase d'une leçon d'anatomie.

L'arrivée de la télévision bouleversa mon enfance. J'avais huit ou neuf ans quand elle fit son apparition dans le village. Le monde des adultes fut transformé par cette invention. Les premiers propriétaires furent courtisés et recherchés. Longtemps, nous avons été des nomades pour regarder nos émissions favorites: Les Plouffe chez Monsieur Bédard, Séraphin chez l'oncle Donat et toutes les émissions pour jeunes chez mon frère Paul. Nous avons entrepris, mon frère cadet et moi, un véritable état de siège chez ma belle-sœur. Nous respirions à peine, bougions si peu, faisions tout pour nous confondre avec les bibelots.

La grande antenne sur le toit conféra rapidement un statut social. La bonne ou la mauvaise fortune d'une famille, dorénavant, se vit de loin. Beaucoup de rumeurs circulaient à la petite école. Certaines affirmaient que plus le peigne était haut, plus le téléviseur était précis. Un voisin, qui avait juché son râteau presque dans les nuages, passait pour capter des émissions que personne ne pouvait voir dans le village. Nous n'avons jamais pu vérifier. Ma famille n'était pas en bons termes avec cet extravagant.

Notre premier appareil fut acheté après bien des

hésitations et maintes consultations. Il ne fallait pas rater son coup. Certains avaient perdu leur réputation avec un téléviseur de mauvaise qualité. Nous étions des connaisseurs avec nos migrations quotidiennes. Ce fut l'un de mes frères qui l'offrit à la famille avec ses premiers gains comme travailleur forestier. Il nous redonna notre fierté. Sans lui, nous aurions attendu longtemps. Il fut livré en grande pompe, placé au salon avec des soins particuliers, entre une reproduction de la Vierge et celle du Sacré-Cœur. Interdiction formelle de s'approcher ou de toucher. J'ai passé des heures, recroquevillé dans un grand fauteuil qui venait de ma grand-mère, devant un écran qui s'entêtait à demeurer noir pendant le jour. Ma mère poussait le bouton de notre Fleetwood après le souper seulement. Elle procédait avec d'infinies précautions, l'époussetait régulièrement et alla jusqu'à le couvrir d'une petite nappe blanche bordée de dentelles.

Depuis ma petite enfance, la famille récitait le chapelet à tous les soirs. La prière se heurta de plein fouet aux matchs de lutte. Une première bataille des cotes d'écoute s'engagea. Le chapelet résista vaillamment avec ma mère qui le portait à bout de bras. Elle n'hésitait pas à user de la menace pour nous faire mettre le genou au plancher pour le compte de trois. Il y eut des protestations, quelques larmes, mais mon père resta désespérément hors du litige. Nous avions une petite idée de ses préférences pourtant. Sa chaise craquait bizarrement pendant un combat d'Édouard Carpentier ou d'Yvon Robert. Finalement, après des négociations ardues et une médiation éclairée, nous trouvâmes un compromis.

Prosternés devant le téléviseur, dont nous avions coupé le son, sous la grande croix de tempérance, nous avons récité le chapelet, agenouillés devant Yvon Robert, Johnny Rougeau et Vladek Kowalsky, avalant difficilement un «Je vous salue Marie» quand Édouard Carpentier amorçait une série de savates ou plongeait du troisième câble. Une nouvelle religion était née, un nouveau prophète surgissait. Le chapelet ne remporterait jamais plus la bataille des ondes.

Nos jeux connurent alors une étrange mutation. Les petits fermiers et les petits bûcherons se changèrent en farouches guerriers. Tous des fils d'Aigle Noir et du dernier des Mohicans ou des compagnons de Buffalo Bill. Nous ne jurions plus que par le chien Rintintin et Furie. Nos usines de camions se convertirent presque instantanément à la production massive d'armes. Jamais virage technologique ne se fit plus spontanément. Je rêvais de porter un revolver plaqué argent à la hanche, celui que je contemplais pendant des heures dans le catalogue du magasin Dupuis. Je m'imaginais dans une rue poussiéreuse, un large chapeau rabattu sur les yeux. J'avançais, la main légèrement écartée, plus rapide que l'éclair pour faire feu sur tout ce qui avait une ombre. J'aurais pu affronter l'univers avec des pistolets comme ceux de Kit Carson. Les petits guerriers se piquèrent une plume de corneille dans les cheveux et circulèrent le couteau à la ceinture. La guerre était déclarée.

Avant la télévision, il y avait des querelles lors des premières neiges mais c'était circonstanciel. Les conflits surgissaient plus d'un manquement aux règles que du jeu en soi. Notre terrain de récréation, derrière l'école, se transforma en champ de bataille. Un peu plus et nous creusions des tranchées. Pas une torture ne pouvait nous faire desserrer les dents. Un voisin connut un prestige considérable quand il est apparu, un matin, arborant d'un air détaché, la ceinture et les deux pistolets que j'avais si souvent admirés dans le catalogue. J'étais prêt à rédiger son devoir et à lui souffler toutes les réponses pour avoir la permission de porter ces revolvers. Il aura fallu la proclamation d'une loi bannissant les armes de la cour de récréation pour que nous retrouvions l'apparence d'écoliers. Cela ne nous empêcha pas de pratiquer la clef de bras japonaise et la prise du sommeil. Bien sûr, c'était du cinéma. Le mort pouvait en tout temps refuser de jouer son rôle et se relever. Le droit de retrait, sans compensation, était toujours de mise.

Le fermier et le bûcheron parurent rapidement insignifiants. La vie de mes parents se révélait bien terne devant les exploits d'Aigle Noir et les personnages de Fenimore Cooper. La télévision creusa un terrible fossé entre les adultes et les enfants que nous étions. Je fus aliéné à jamais. Les héros ne pouvaient habiter mon village, encore moins mon pays. Ils parlaient une autre langue et portaient des vêtements que personne ne connaissait. Ils agissaient pour l'honneur et risquaient leur vie sans sourciller. C'était un monde âpre, violent, où l'homme était guidé par son destin. Rien ne pouvait le retenir. Quand le héros s'apprêtait à ébranler l'univers, les femmes s'enfuyaient ou fondaient en larmes.

Angélina Desmarais, la mère Plouffe, Rita Toulouse et la Grande Jaune étaient des voisines destinées à être porteuses d'enfants. Donalda et ses misères attiraient la sympathie mais elle était trop larmoyante. Ma mère rageait en suivant *Les belles histoires*. Elle soufflait des répliques, apostrophait Séraphin et lui promettait un méchant quart d'heure si jamais elle le rencontrait. Mon père souriait en hochant la tête. Quand Alexis avait servi une correction à notre avare, il avait eu droit à une véritable ovation dans la maison. Dans la vraie vie, ma mère me faisait plier l'échine d'un seul regard et mes deux grand-mères m'intimidaient tellement que je n'osais les approcher.

Mon père, même s'il n'en parlait guère, avait ses préférences. Il détestait Yoland Guérard, marmonnait les pires bêtises quand il le voyait surgir à l'écran. Il aimait surtout les documentaires décrivant la forêt et les animaux, comprenait mal notre engouement pour les dessins animés. Ce fut tout un événement quand nous eûmes droit à deux canaux. Je découvrais l'Europe, les États-Unis et l'Afrique, voyageais dans des films historiques et guerriers, m'amusais à choisir la poule ou l'œuf avec Roger Baulu, connaissais toutes les aventures de Donald et de Popeye. Je m'arrêtais parfois devant un petit homme à la couette rebelle qui gesticulait, une baguette d'une main et la cigarette de l'autre. Nous l'écoutâmes rarement. Mon père ne l'aimait pas.

Sur la ferme familiale, les choses résistaient même si une brèche s'était ouverte dans notre salon. Nous vivions en marge du temps. Mon père était sourd aux propos des agronomes et refusait qu'ils mettent les pieds dans la maison. Les voisins se dotaient de troupeaux sélectifs et racés mais lui gardait un petit taureau agressif qui labourait le sol derrière la grange. Nous assumions la traite des vaches à la main pendant que les voisins installaient des trayeuses. Quels réveils j'ai connus, les matins d'hiver, quand, appuyé contre les flancs d'une vache lourde d'odeurs, un coup de queue bien humectée, en plein visage, me ramenait à la réalité. Nous avons été les derniers de la paroisse à donner congé à nos chevaux, repoussant obstinément tout ce qui était mécanisation. Mon père s'animait en décrivant avec affection les bêtes qui avaient marqué la petite histoire de la famille. Notre petite ferme, comme toutes les fermes, avait sa mythologie, son folklore et ses drames. La préférence de mon père allait à Soldat, un cheval qui avait déménagé un hangar par la seule puissance de ses muscles. J'ai entendu cette histoire si souvent que j'ai l'impression d'avoir vu le cheval accomplir son exploit. Nous avons eu aussi un grand cheval maigre qui savait défaire tous les nœuds et ouvrir toutes les portes. Il trouvait le grand coffre plein d'avoine et ne manquait pas une chance de s'empiffrer. On aurait pu le nommer Houdini. Il s'appelait simplement Harry. Mon père lui pardonnait tout et en parlait avec tendresse.

Nos chiens, tous baptisés Mousse, finirent atrocement sous les pneus d'un camion quand ils courtisaient la chienne du voisin. Nous enterrions nos victimes d'amour en retenant nos larmes, maudissant les séductions meurtrières.

J'ai vécu mes premières années dans une famille qui s'attardait quelque part au XIXe siècle. Des manières et des façons de faire sortaient tout droit du XVIIIe siècle. Mes parents disaient non, par peur et par fragilité, à tout ce qui pouvait bousculer leur vie. Un nonisme qui imprégna mon enfance. Quelles plaisanteries j'ai subies à l'école quand mon père refusa de céder une bande de terrain pour la construction d'une route moderne et asphaltée! Le chemin s'étranglait devant la ferme et ne reprenait sa largeur normale que chez les voisins. Cet entêtement nous a valu des guerres épiques et des rancunes incroyables. Mon père refusa tout aussi obstinément de conduire une automobile. Il s'en remettait, pour ses voyages, à Monsieur Bédard qui pilotait son taxi, été comme hiver, à cinquante kilomètres à l'heure. Il n'a flanché que pour le tracteur mais sans modifier ses façons de faire. Il en parlait comme d'une bête. Peut-être suis-je noniste, incons-ciemment, par hérédité et par réflexe. La maison fami-liale est restée longtemps une enclave que rien ne pouvait modifier.

L'univers de mon enfance s'est effrité de façon abrupte. Le savoir se dissocia de la foi catholique en 1960. Les vaincus de 1763 retrouvaient le monde après un internement de deux siècles. J'avais seize ans. Tous les territoires à être occupés l'étaient. Les murs de la Grande réserve se lézardaient et laissaient filtrer les idées modernes. Il fallait construire l'État national et bondir dans le XXe siècle. Notre royaume était aussi de ce monde. De grandes industries s'installaient et transformaient le visage rural du Québec. L'institu-tion parlementaire rabougrie d'un Duplessis se chan-gea en véritable État français d'Amérique. Ma vie ne serait pas celle de mes frères aînés.

Des poignées de travailleurs avaient mené des luttes qui menaçaient le pouvoir civil et religieux.

Certains penseurs parlaient et écrivaient depuis des années mais il n'y avait rien de semblable dans mon village. La seule entreprise, un moulin de sciage accouplé au chantier forestier et au grand magasin général, enrôla presque toute la population. Mon père, comme d'habitude, resta en périphérie. Pendant deux décennies et plus, nous connûmes une forme de socialisme avancé sous la houlette du curé Gaudiose. Égalité, fraternité mais jamais l'indépendance. Collectivisme, communisme religieux et socialisme intégral se mélangèrent pendant de nombreuses années. C'était l'envers du monde forestier où mon père et mes frères laissaient toutes les sueurs de leurs corps. Il y eut aussi la Québec North Shore, une petite entreprise de fuseaux de fil. J'apprendrais en lisant les entretiens de Victor-Lévy Beaulieu et de Roger Lemelin que l'auteur des *Plouffe* a été mon premier employeur. Je gagnais cinq dollars pour douze heures de travail.

Ma société serait tout sauf celle que j'avais reçue en héritage. Il était évident que je ne succéderais pas à mon père. Je le savais à douze ans et en étais convaincu à seize. La mort de Duplessis secoua mon village quand j'avais treize ans. Un barrage cédait. Le Québec, qui retenait son souffle depuis des années, vola en éclats. Un grand vent souleva la province. Toutes les fenêtres s'ouvrirent. L'université devenait la terre promise. Tout se précipitait dans ma vie. L'adolescent avait à avaler le rapport Parent, la Révolution tranquille et il se questionnait au sujet des études universitaires. Que de mutations pour le petit garçon qui avait un pied dans le XVIIIe siècle en naissant. La télévision fut pour beaucoup dans cette mutation. Elle a contribué à nous faire tourner le dos à une tradition rurale et familiale, elle valorisa la vie citadine, l'industrialisation, les voyages, la liberté sexuelle et les connaissances. Ce n'est pas un hasard si ma génération a cherché une autre société dans les années soixante. Pour le meilleur et le pire, elle m'a fait passer d'une société archaïque et traditionnelle à un monde éclaté qui se voulait farouchement moderne.

Et malgré la violence de mes héros d'enfance qui semaient la mort à chaque geste, j'ai rêvé la paix, prôné la vie communale et imaginé le retour à la terre. Était-ce le passé familial que je cherchais dans la vie des communes et les grandes célébrations tribales? Peut-être, qui sait, voulais-je ainsi amalgamer deux vies devenues irréconciliables.

LE HÉROS
TRANQUILLE

Étant l'un des derniers de la tribu, je fus initié rapidement aux combats qui vous poussent à la limite du corps et de l'agressivité. Plus souvent qu'autrement, j'étais terrassé par un frère plus fort musculairement et déjà plus aguerri. Fallait se battre jusqu'à épuisement, ravaler ses larmes, sublimer ses fureurs même si l'issue du combat était connue. Ces affrontements, vrais ou simulés, promettaient de forger l'être que nous devions devenir. Il suffisait de regarder mon père pour savoir. Il restait inaccessible et silencieux, assumant parfaitement son rôle de juge et d'autorité suprême. Il n'intervenait que pour imposer la force de ses muscles et faire respecter les diktats de ma mère. Une menace physique planait presque toujours sur nos têtes. Quand il fallait montrer nos sentiments, les mots déraillaient. Nous n'étions plus que des bras et des sourires gênés. Les plaisanteries, en dernier recours, effaçaient le grand malaise que provoquaient les embrassades obligatoires et les vœux du Nouvel An. Nous écorchions des formules usées tout en avalant nos rires. C'était encore plus difficile face à la mort. Tout en nous se figeait, mobilisé à refouler les larmes. Pas un mot, pas un geste. Juste un corps qui se repliait comme une huître. Répliquer, faire face envers et contre tous, voilà à quoi nous étions destinés.

Un ennemi se dissimulait en moi et il fallait le dompter. L'apprentissage consistait à maîtriser des gestes et des cris, à attacher ses émotions et ses pulsions pour rester de marbre devant les autres. Mon corps pouvait aussi échapper à ma volonté. J'enviais aux femmes leur pouvoir de glisser dans leurs émotions sans honte et sans retenue. Ce privilège m'était refusé. Je l'ai toujours su. La douceur, la tendresse et l'affection n'étaient pas de notre côté du monde.

Les grands événements étaient portés par les saisons ou les malheurs qui frappaient le village. Noël et le Jour de l'An brisaient la régularité des jours. Je rêvais à des soirées qui craquaient de rires et de musique. Ma mère ronchonnait dès les premiers jours de décembre. Les Fêtes apportaient des corvées et des gestes qui grugeaient ses journées. Il y avait trop à faire, trop à penser. La parenté se déplaçait pour un repas et un bout de soirée. Comment y échapper? Les rires montaient quand les cartes étaient brassées. Ma mère, qui avait grogné pendant des semaines, se mettait alors à glousser et à étouffer des rires de petite fille. Elle avait peur du plaisir, je crois.

De grandes bouteilles, gravées d'un éléphant dressé sur ses pattes arrière, surgissaient. Mon père avait réussi à les faire entrer discrètement dans la maison. Les chocolats, gardés dans le coffre-fort que constituait la garde-robe de ma mère, circulaient. J'assumais le service avec mon jeune frère. Je figeais devant une tante qui hésitait devant le plus gros, le plus rond et le plus savoureux des chocolats. Une autre main se tendait. L'oncle Adolphe en ramassait deux de sa grosse patte d'ours et une cousine, avec des ongles plus rouges que ses lèvres, en raflait un autre. Je suivais le geste, fasciné. Une si petite bouche pouvait avaler un aussi gros chocolat! Des doigts lourds, un peu enflés, un peu brisés par l'arthrite, triaient toujours les chocolats noirs et nous reléguaient les bonbons durs.

Les fêtes furent aussi la terrible expérience de la solitude. Après la messe de Minuit, les amis réveillonnaient en famille et je rentrais en traînant les pieds. La maison figeait dans la nuit, indifférente aux étoiles et aux guirlandes qui barbouillaient le ciel. Mes parents dormaient déjà. Ils étaient rentrés rapidement. Des lueurs dansaient sur le plancher. La chaleur était bonne après le froid poli par la lune. Un bal étrange et parfaitement silencieux m'accueillait quand je m'assoyais dans l'escalier pour enlever mes chaussures. Les chants, les rires et les plaisanteries étaient restés au village. Jamais silence ne fut plus oppressant. Je figeais devant la fenêtre. Les maisons voisines baignaient dans la lumière et mijotaient dans des odeurs de dinde rôtie, de tourtières et de pâtés à la viande. J'imaginais les cadeaux et les rires. De mon côté du monde, la nuit avait un goût amer. Rapidement, sans le savoir, nous étions devenus trop grands pour le plaisir.

L'émotion était une tare même si les hommes sombraient souvent dans des colères dévastatrices. Les frustrations tournaient toujours à la violence et à l'agression dans mon village. Les dérapages éthyliques bouleversaient souvent la régularité des jours et créaient des remous. Les gens hochaient la tête et se réfugiaient dans des gestes obtus. Tous pratiquaient l'amnésie volontaire. Perdre la tête, pour un homme, était excusable. Il avait droit aux folies passagères mais pas la femme. Elle était condamnée à garder sa place comme disait ma mère.

Pendant une semaine, une fois par année, un voisin transgressait toutes les règles et se vautrait dans l'irrationnel et la folie. Sa compagne et ses enfants fuyaient dans les bâtiments ou encore chez des voisins. Il blasphémait et démolissait tout avant de rouler sur le plancher, frappait pour libérer sa rage et sa frustration. Personne n'intervenait. Il saccageait l'univers de sa compagne et de ses enfants en toute impunité.

Quand l'épouse rentrait, ses enfants collés à sa jupe, elle savait que les voisins la surveillaient derrière les rideaux. Poser un pied devant l'autre était difficile. Elle traînait la honte sur ses épaules. Grande, un peu fragile dans sa robe grise, elle n'engageait jamais la conversation avec mes parents. Son monde, à chaque année, était détruit dans une tornade de blasphèmes et de hurlements. Difficile d'oublier cette femme qui prenait des semaines pour effacer les traces de l'ouragan. Mon père hochait la tête, serrait les poings et maudissait la boisson; ma mère, elle, ne décolérait pas pendant des jours. Je me dissimulais dans les arbres, surveillais cette maison qui s'enfonçait dans un silence qui abolissait le temps. Les enfants mettaient des jours à oser des jeux et des cris. Après, guéri, le voisin surgissait en plaisantant. Sa rage l'avait régénéré. L'homme se montrait alors l'être le plus charmant du monde. Ma mère le traitait d'hypocrite et mon père marmonnait son «Maudite boisson!» pour la centième fois. Un homme en lui me fascinait et un autre me terrorisait. L'alcool rendait fou, c'était connu. Mais s'il en avait fait autant dans la grange ou dans l'étable, tout le village serait intervenu.

Mon père a toujours su éviter les rages cataclysmiques. Bien sûr, il était capable de colère mais jamais il ne basculait dans la folie. Il était posé et d'une sobriété exemplaire. Devant les difficultés de la vie, il ne dérapait jamais dans des gestes qu'il aurait pu regretter. Je n'avais qu'à le regarder pour être un homme bien dans ses rires et son regard sur l'horizon. Je pouvais lui faire confiance.

Il ne me disait pas pourtant comment ligoter mon corps. De grands tremblements me secouaient quand une main esquissait une caresse ou qu'un regard me faisait exister un peu plus. J'étais hésitant et timide, peu sûr de mes gestes et de mes paroles. Je jouais au fanfaron mais j'étais incapable d'un coup de poing ou d'une vraie bataille. Fallait pourtant se durcir pour prendre son espace dans la confrérie des mâles. J'ai appris à mordre mes hurlements, à foncer malgré la douleur et les sarcasmes, à vivre dans mon corps comme dans une forteresse. J'astiquais mes muscles, refoulais les mots qui provoquaient les rires. Pas question de montrer de la tendresse et de la douceur. La vie mettait en moi trop d'hésitations et de questions qui me semblaient des faiblesses. Les hommes étaient des masses de muscles qui ne se trahissaient jamais.

Les matchs de hockey mobilisaient tout le village et prenaient souvent les proportions d'une guerre tribale. Les rencontres sur la patinoire, disputées par des froids sibériens, ou encore les jeux que nous inventions, demandaient toujours force et habileté. Le sport formait, disait-on. Plus tard, nous serions des corps résistants et infatigables. L'intimidation, les insultes, les apostrophes humiliantes et démoralisantes constituaient l'arsenal de ce rituel. Le clocher était la bannière que nous défendions envers et contre tous. L'appartenance au clan était essentielle et les pires des châtiments étaient l'exclusion et les moqueries.

Mon père savait les gestes et mes frères aussi. Près du poêle en hiver, assis sur la longue galerie d'en avant les soirs de juillet, il fumait sa pipe, le regard perdu à la limite des champs. L'été était si long dans mon enfance! Je respectais son mutisme de héros tranquille qui sait que demain ne sera jamais une menace.

Mon père fut encore plus admirable le matin où Monsieur Alfred ne répondit plus à nos appels. Nous disions Monsieur Ti-Fred. Les enfants avaient été éloignés. Seuls les adultes pouvaient faire face au pire. Mon père avait arraché la porte d'un grand coup d'épaule et était disparu dans la petite maison bleue. J'ai l'impression de l'avoir suivi. Monsieur Ti-Fred gisait sur le plancher, un chapelet à la main. Il récitait toujours ses prières, le matin, à genoux devant le jour qui prenait possession du territoire. Il était tombé à la renverse. Un peu de sang marquait le plancher. Mon père nous a décrit la scène plusieurs fois pour l'exorciser sans doute. C'était un matin de printemps. Le soleil s'installait dans les champs et le long des maisons. La vie se faisait douce après un hiver qui ne voulait plus partir. J'avais huit ans. La mort avait fauché le meilleur ami de la famille. Pendant des jours, j'ai surveillé mon père. Il avait confronté la mort, les mains nues, l'avait regardée dans les yeux et il en était revenu vivant.

Beaucoup plus tard, j'ai su. Mon père camouflait ses peurs et ses craintes. Il n'avait pas encore soixante ans mais la maladie le grugeait depuis des années. Il avait lutté en silence, faisant tout pour dissimuler le tremblement de ses mains. La maladie de Parkinson l'avait ratatiné. Il ne dormait presque plus, égrenait des nuits d'éternité près de la grande fenêtre, les yeux grand ouverts dans l'obscurité jusqu'à ce que le matin dilue les peurs. Il voulait voir venir la mort. Quand il s'allongeait, ses cauchemars et ses cris réveillaient toute la maisonnée.

Il n'avait pas réussi à s'arracher à son lit, ce matin-là. Un médecin l'attendait à Saint-Félicien et nous savions qu'il ne pourrait échapper à l'hôpital. Ma mère avait préparé une petite valise avant de l'aider à s'habiller. Dans la cuisine, debout devant la fenêtre, je refaisais la courbe des montagnes au bout des champs. Ma mère était revenue dans la cuisine et rangeait les assiettes. C'était le signal. Je suis passé dans la chambre. Il était assis sur le lit et se plaignait doucement. Je l'ai pris dans mes bras pour le porter jusqu'à l'auto. J'aurais pu soulever la maison. Je l'arrachais à sa vie. Il n'avait pas prévu cela. J'étais incapable de desserrer les dents. Pendant quelques minutes, j'ai su son désarroi et sa terrible angoisse. Mon père, l'invincible, pleurait dans les bras de l'ancien petit garçon qui ne savait plus pleurer. Ce fut mon premier contact physique avec lui et le dernier.

Nous avons traversé le village tout doucement. Je serrais les poings et mon père regardait les maisons en répétant des noms. Il disait adieu à sa vie. Je n'oublierai jamais les larmes qu'il tentait de dissimuler. J'étais de pierre et les mots tranchaient comme des tessons de bouteille dans ma gorge.

LA MORT DANS LES MAINS

J'avais douze ans, treize peut-être. Une brebis était atteinte d'une maladie mystérieuse qui risquait de contaminer le troupeau. L'un de mes frères avait traîné la bête derrière la grange. Elle gisait sur la neige, les yeux fermés, incapable de tenir sur ses pattes, toute à ce mal qui la dévorait. Il fallait la frapper en plein front. Une mort rapide. Mon père répétait qu'il ne fallait pas faire souffrir les bêtes. La brebis, résignée dans son corps, attendait, parfaitement immobile. Mon frère m'a tendu la hache en souriant. J'étais assez grand. J'ai frappé une fois, deux fois, des dizaines de fois, écrabouillant le crâne de la pauvre bête. Je visais la mort de toutes mes forces. Mon frère m'a arraché la hache des mains et je me suis enfui. Dans le hangar, j'ai pleuré longtemps sur le meurtrier que j'étais devenu. J'avais échoué. Les initiations aussi peuvent être ratées.

La vie sur une ferme, à l'époque, était faite de naissances et de morts. Poules, dindons, cochons et jeunes bœufs étaient sacrifiés pour nourrir la famille. Bien des jeux trouvaient leur aboutissement dans cette saison des boucheries qui coïncidait avec les premiers froids. Début décembre, la neige rougissait devant l'étable. Les hurlements du porc, que l'on traînait à force de bras vers l'auge fumante, s'oublient difficilement. Le jeune bœuf s'amenait en silence, le nez au sol, sentant peut-être ce qui allait se produire. C'était encore plus saisissant. Était-il résigné ou savait-il? Je me suis souvent posé la question. Beaucoup de mes cauchemars ont tourné autour de ces messes que nous ne pouvions éviter.

Mon père savait. Il était Abraham répondant à l'appel, celui qui permettait que la vie soit en sacrifiant la bête. Il le faisait avec sobriété, conscient de son rôle. Jamais je ne l'ai vu brutal envers l'animal. Il y avait de la patience dans ses mains, une certaine tendresse, je crois. Nous tenions le poêlon, nous les plus jeunes, pour recueillir le sang qui coulait le long du couteau tranchant comme une lame de rasoir. Les râlements et les grognements nous figeaient. Après, quand la mort raidissait les pattes, les plaisanteries fusaient. Ma mère ne participait jamais à ces sacrifices, ma sœur non plus. Mon obsession de la mort, enfant, vient certainement de ces grandes tueries. La nuit, pour chasser le sommeil, j'inventais des histoires, je gardais les yeux ouverts. Mes fabulations avaient le lustre des grands fauves qui flottent sur le sol quand ils sont en chasse et s'approchent en retenant leur souffle. Je me réveillais en sueurs, haletant, ne sachant plus où j'étais. Comment pouvaient-ils dormir? Je m'accoudais à la fenêtre, devant les grands peupliers ivres de murmures et d'odeurs. Avec la lune, ils inventaient des formes. Les petits nuages, imbibés de lumière, épongeaient le ciel et un chat, traversant le chemin, me ramenait à la réalité. Tout était si calme! Parfois un léger souffle remuait le ciel. Le village baissait les bras et laissait les ombres ramper sur l'herbe humide. Les adultes étaient inconscients. Je montais la garde, incapable de faire confiance à la nuit. L'hiver, la neige gonflait à l'ourlet des falaises et, peut-être, la mort pleurait dans ce froid où les mots s'évanouissaient. Je marmonnais quelques prières devant les longues queues blanches qui givraient en s'arrachant des cheminées. J'étais le seul survivant de l'univers qui bravait tous les interdits et les tabous, les fautes et les péchés qui s'avouaient dans un souffle au plus creux du confessionnal.

Imaginer que j'allais mourir me terrifiait. Je suppliais Dieu de faire une exception. Il avait tous les pouvoirs après tout. Il n'avait qu'à hocher la tête et je me faufilerais à travers les mailles du temps. Instinctivement, je savais aussi que cette bataille se vit en solitaire. Je pouvais bousculer l'univers mais jamais je ne pourrais repousser cette échéance. Je le savais et c'était inacceptable.

Le corbillard passait doucement, parfaitement silencieux, emportant des vieillards et des jeunes de mon âge aussi. Je surveillais la voiture noire en retenant mon souffle. La mort allait si doucement avant de s'évanouir dans le soleil, par-delà les maisons des voisins. Elle frappait partout dans la paroisse mais passait son chemin, ne ralentissait jamais devant nos peupliers qui montaient la garde. Peut-être que Dieu m'avait entendu.

Et puis, c'est arrivé. Elle nous avait toujours fait peur cette grand-mère vêtue de noir. Elle avait vécu, dans sa maison du village, jusqu'à un âge avancé, défendant ses fraises contre tous les jeunes des environs. Sage-femme, un peu sorcière, nous allions chez elle au Jour de l'An en retenant notre souffle. Cette fois la voiture noire s'immobilisait devant notre porte. Dieu n'avait pas répondu à mes suppliques, trop occupé qu'il était à tricoter les mailles de l'éternité. Il avait neigé. Une tempête comme il n'en arrive que dans l'enfance. Le temps était doux, la neige épaisse et lourde, pleine de rondeurs. La porte d'en avant, condamnée pour l'hiver, avait été ouverte. Je me suis inspiré de ce souvenir pour décrire l'arrivée du corps de Philippe Laforge dans *Le Violoneux*[15]. Le cercueil a été installé dans le salon, juste sous ma chambre. Tous vinrent, même ceux qui avaient mené des guerres épiques contre la défunte. Les vieux ennemis se réconciliaient. C'était l'occasion ultime de régler ses comptes. Les voisines aidaient dans une solidarité qui faisait se multiplier les plats. Les hommes fumaient, parlaient, souriaient, un peu embarrassés par leurs mains qui ne trouvaient plus les gestes qui rassurent. Un festin, à chaque repas, tenait la mort à distance.

Grand-mère avait épousé deux grands-pères. Je n'ai pas connu le premier mais le dernier était un solide gaillard qui avait vécu toutes les aventures en commerçant avec les Montagnais. C'était encore possible à l'époque. La seconde nuit, grand-père avait décidé de faire ses adieux à son épouse. Bien sûr, il avait abusé un peu des remontants. Les mots ne venaient pas facilement chez un homme de cet acabit. Les larmes aux yeux, il avait décroché le combiné du téléphone et raconté les durs moments qu'il avait vécus avec sa seconde épouse. Il s'excusait mais n'oubliait pas son mauvais caractère. Elle n'avait pas été facile, pas même le jour de ses noces. Il a monologué une bonne quinzaine de minutes avant de raccrocher. Nous retenions notre souffle. Le chapelet, heureusement, avait permis d'étouffer les rires. Sans doute que grand-mère Malvina a été la première à recevoir des adieux téléphoniques.

Mon père parlait souvent du cimetière qu'il avait fallu déménager pour construire un nouvel édifice devant l'église. Il avait creusé, avec d'autres courageux, surpris les morts dans leur éternité, ouvert des cercueils, trouvé des corps intacts, des os, un peu de poussière et certains objets. Il était souvent question d'une femme décédée de la grippe espagnole. Du moins, on l'avait crue morte à l'époque. Elle s'était retournée dans son cercueil. Les chercheurs d'éternité l'avaient trouvée allongée sur le ventre, une main posée sur la bouche. Après de tels récits, je réveillais toute la famille en hurlant.

On parlait peu d'un enterrement qui avait tourné à la tragédie. À l'époque, les hommes descendaient la tombe dans la fosse avec des câbles. Ils laissaient filer doucement la corde et s'y mettaient à quatre, deux de chaque côté, pour le faire. Quelqu'un avait glissé, une fausse manœuvre, il pleuvait toutes les eaux du déluge. La caisse s'était retournée et le couvercle avait cédé. La jeune femme, morte en accouchant de son premier enfant, s'était retrouvée face contre terre, dans la boue. Dieu alors était mieux de rester invisible. La fosse était à moitié pleine d'eau. Mon père et un voisin étaient descendus dans le trou pour replacer le cadavre dans la bière. Ils avaient de l'eau jusqu'à la ceinture. Ma mère, quand elle évoquait cette histoire, avait des larmes aux yeux. J'avalais difficilement ma salive. Lui, il restait impassible.

La mort n'était pas seulement cette fatalité qui passe en silence. Elle pouvait aussi s'élancer, venir d'un geste irréfléchi et spontané. Un automne, après les grandes boucheries, mon père est devenu un assassin. La famille gardait une partie de ses provisions d'hiver dans la remise jouxtant la maison et le reste, dans un grand coffre au fond du hangar. Un porc et un bœuf, des poulets et des dindons s'entassaient dans nos réserves. Nous avions tout ce qui était nécessaire pour résister à l'hiver. Rien n'était verrouillé sur la ferme. Des poulets et des morceaux choisis disparaissaient. On soupçonnait un voisin et mon père s'en promettait si jamais il mettait la main au collet de notre voleur. Le soir, le moindre bruit faisait sursauter. Le maraudeur obsédait la famille et nous l'imaginions un peu partout. Tout ce que l'on pouvait égarer retombait sur les épaules du rôdeur.

C'était un soir sans lune et très froid. La maison était silencieuse. La famille vaquait à ses occupations. Nous n'avions pas encore de téléviseur. Je devais dessiner comme je le faisais tous les soirs. Ma mère raccommodait des bas et mon père se perdait dans les volutes de sa pipe. Un bruit nous a fait sursauter. Le voleur se servait dans la remise. Mon père, sans dire un mot, avait empoigné son grand fusil à deux coups et était sorti en ouvrant la petite lumière qui donnait sur la cour. Ma mère nous avait ordonné de ne pas bouger. Il avait crié au voleur de lever les mains et de s'approcher. Nous retenions notre souffle. Le coup de feu avait secoué la maison puis, après une éternité, la porte s'était ouverte lentement. Mon père, le fusil encore fumant à la main, était apparu, blanc comme un drap. Il avait abattu le voleur. C'est tout ce qu'il avait pu dire. Ce fut ma mère, je crois, qui a réagi la première. Elle avait l'art de retomber sur ses pieds, peu importe la situation. Il fallait aller voir, puis chercher le curé Gaudiose. Mon père a déposé son fusil derrière la porte et il est ressorti. Nous regardions par les petits carreaux mais il faisait noir. Il y a eu des pas encore dans la grande cuisine d'été. Nous avons reculé d'un seul mouvement. Mon père est entré et a repoussé la porte. Il nous a regardés l'un après l'autre avant d'éteindre la petite lumière. Puis, après avoir accroché son fusil dans la garde-robe, il a éclaté d'un grand rire en se tapant sur les cuisses.

Il avait tiré sur son hibou. C'était un grand sac de jute, bourré de paille, qu'il traînait partout en hiver. Il s'en servait comme coussin sur les billes de bois ou près du feu, le midi, pendant son repas en forêt. Il l'avait laissé sur le traîneau comme d'habitude. Dans la nuit, il prenait vaguement la forme d'un être humain. En faisant feu, il avait touché le voleur de paille qui avait basculé.

Il avait failli tuer un homme pour un poulet. Mon père le réalisait. Je ne l'ai jamais vu utiliser son vieux fusil par la suite, sauf pour les boucheries. Cet événement me traumatisa. Jamais je n'ai voulu apprendre à me servir d'une arme. Je ne voulais pas tenir la mort dans mes mains, viser en retenant mon souffle, froidement, consciemment, sans trembler pour ne pas rater la cible.

Aujourd'hui, rares sont ceux qui abattent l'animal qui va les nourrir. Notre société a fait de la mort alimentaire une industrie honteuse. Il reste toujours l'exploit sportif mais ce rite a perdu son sens et sa nécessité. Les fêtes, qui renouaient avec les grandes forces cosmiques et telluriques, ne sont plus que des activités de loisir. Le caractère sacré s'est perdu dans le brouillard des origines.

Les vrais défis, en cette fin de millénaire, même si le corps réclame toujours ses droits, passent par les apprentissages académiques et intellectuels. Les étapes, les mêmes pour les deux sexes, permettent de prendre pied dans la société et de faire face à la vie. Les choix se multiplient, les routes se fragmentent, les exigences se décuplent mais elles aboutissent toutes à l'affirmation de l'être de connaissances, tant chez la fille que chez le garçon. Le trophée sera le diplôme. Quelle fierté j'ai ressentie à me coiffer du titre d'universitaire, à arborer le blouson de la faculté. Le plaisir était plus grand encore que celui qui m'avait identifié à une équipe de hockey.

S'il fallait des gestes et des preuves dans mon enfance pour montrer que l'enfant avait définitivement quitté la place et que l'homme occupait tout l'espace, il me semble que ces rites ont été amoindris. Les initiations et les épreuves ont disparu ou presque. L'enfant est déjà un adulte maintenant dans son corps et son esprit, ses droits et ses privilèges. Il peut facilement oublier qu'il a des obstacles à franchir avant d'atteindre à la maturité. Certaines limites subsistent, bien sûr et certains interdits, mais ils sont de moins en moins nombreux. Le monde de l'enfance est avalé irrémédiablement par celui des adultes.

Je me souviens de l'entêtement de mes frères à vivre leur premier hiver en forêt. Il fallait prouver qu'ils étaient libres de tout attachement physique et émotionnel. Ils travaillaient trois mois, parfois quatre, sans donner signe de vie, se durcissant par l'effort et la sueur, le mutisme et l'indifférence. Au printemps,

[128]

ils surgissaient, particulièrement fiers d'avoir vaincu l'éloignement et la solitude. Leur intégration au monde des hommes était assurée. Cette chirurgie était nécessaire pour rompre avec l'univers de la mère et s'affirmer dans le monde du père. J'ai fait de même en m'entêtant à passer l'année universitaire à Montréal, ne revenant que pour la période des Fêtes.

Mon père parlait de revanche quand il réfléchissait tout haut sur la mort. Ma mère se rassurait. Nul n'en revenait. C'était un raisonnement d'oubliés qui cherchent une vengeance sur les riches et les possédants. J'ai toujours su que c'était un combat que je ne remporterais jamais. J'éprouvais une colère immense devant l'impossibilité d'échapper à ce rendez-vous. J'aurais tant voulu, comme mon père l'avait fait dans la maison bleue, entrer et en revenir avec le secret de la vie.

La réponse était peut-être à la télévision et au cinéma. La mort y était spectaculaire, folle, démente, grandiose, violente mais toujours irréelle. Omniprésente dans mon enfance elle est maintenant une simple phase terminale, une étape qui se franchit le plus discrètement possible. Mon père a rendu son dernier souffle dans un hôpital, loin des siens et de son univers. Un appel téléphonique a suffi. Le héros de mon enfance s'était éteint tout doucement. Après un grand silence, il y a eu les larmes de ma mère. Nous appréhendions ce téléphone depuis des années. Je suis resté devant la fenêtre, à mordre mes mots et à serrer les poings, là où mon père avait passé tant de nuits. Il faisait horriblement froid. C'était un matin bleu de décembre. Les montagnes, à la limite de la blancheur, au bout des champs, il ne les verrait plus. C'était fini. Personne n'était là pour le départ qu'il craignait par-dessus tout. Je ne l'ai pas vu abdiquer. J'imagine qu'il a dû prendre une grande respiration et foncer en serrant les poings. C'était sa façon de faire. La mort de mon père resta une abstraction. Il était parti discrètement, sans témoin, sans faire de bruit, comme il l'avait toujours fait dans la vie.

LE RÉFLEXE
D'ADAM

Le paradis a fasciné longtemps l'enfant que j'étais. J'ai rêvé pendant des heures devant l'exemplaire unique de *L'Histoire sainte* que nous possédions à la petite école. Plusieurs scènes sont gravées dans ma mémoire, surtout celle où Adam et Ève se regardent, derrière les feuilles, cachant tout ce que j'aurais tant aimé découvrir. Ève, sous sa chevelure sauvage et abondante, promenait sa splendeur à l'abri des bosquets tandis qu'Adam se faufilait entre les arbustes. Le paradis était bien mal entretenu et une feuille surgissait toujours au mauvais endroit.

La pomme, bien rouge, attirait le regard. Ève, un peu ronde, un peu potelée, contrastait avec un Adam tout en muscles. Sur la plus grosse branche, glissant sous le feuillage, le serpent n'avait en rien l'œil d'un démon. Il faisait grosse couleuvre que l'on chasse avec un bâton. Adam et Ève lançaient la marche de l'humanité. Dans une illustration, Ève avait déjà mordu dans le fruit et offrait l'autre moitié à Adam. Dans notre version, elle tendait la main vers le fruit. C'était celle que je préférais. Le geste, à peine esquissé, rendait bien l'importance du moment.

Comment faire pour prévenir Adam et l'empêcher de croquer le fruit maudit? S'il disait non à Ève, le paradis était sauvé et l'humanité épargnée de la souffrance et de la mort. C'était Adam qui faisait basculer le paradis dans l'enfer terrestre, j'en étais convaincu.

Si Adam avait dit non...

J'essayais d'imaginer le paradis mais ne retrouvais que les lieux connus de mon village avec ses champs, ses bêtes, ses forêts et ses petites rivières. C'était tout ce que je connaissais des paradis. Les gens de la paroisse, même les voisins que mes parents n'aimaient guère, circulaient dans mes esquisses de bonheur éternel. La grande église de pierres grises, les maisons un peu délavées par la pluie et la neige, les montagnes usées, les lacs avec leurs franges de sable blanc constituaient mon univers idéal. Les mouches noires et les maringouins en moins, il va sans dire.

La semaine s'étirait en sept beaux dimanches pleins de soleil. La vie ralentissait. Mon père, le septième jour, grimpait jusqu'au trécarré pour contempler son œuvre. Il ne pouvait qu'en être ainsi au paradis. Je me baignais dans la lumière et les trèfles même si les jours de pluie, je trouvais le courage de braver les interdits de mon père. Je me faufilais dans la grange, escaladais les montagnes de luzernes qui s'élevaient jusqu'au toit et m'allongeais sur le plus grand lit du monde. Je m'étourdissais des variantes de la pluie sur la tôle. Les parfums âcres montaient par vagues, tournaient, dansaient avec les grandes bêtes qui couraient partout. Je flottais dans un monde d'effluves et de fragrances, échappais au temps et à l'espace. Je somnolais au milieu d'un fleuve de trèfles blancs et bleus. Combien de fois j'ai affolé ma mère par mes disparitions. Elle était déjà prête à organiser une battue pour retrouver l'enfant disparu dans ses rêves.

Une autre illustration prenait toute une page de *L'Histoire sainte*. Je l'ai scrutée dans le détail. Yahvé Dieu flottait dans l'espace et son corps avait la forme d'un terrible ouragan qui bouchait l'horizon. Ses cheveux et sa barbe se confondaient avec les nuages. Immense, il était un souffle terrible qui s'avançait vers Adam et Ève. J'imaginais son haleine brûlante comme les vents d'été qui attisaient les feux de forêt. Les éléments allaient se déchaîner dans une rage de pluie. Le tonnerre et les éclairs m'affolaient depuis qu'une tornade avait ravagé un rang de Saint-Thomas-Didyme. Ma mère faisait brûler une chandelle devant la fenêtre mais cette petite flamme était bien fragile devant des éclairs qui déchiraient le ciel, un vent qui dévastait les arbres et arrachait les toits.

Yahvé Dieu tendait le bras et montrait la sortie d'un doigt vengeur. Ève, le visage enfoui dans ses deux mains, réalisait l'ampleur de sa faute. Un peu en retrait, le bras levé pour se protéger, Adam semblait surpris par tant de colère et de fureur. Tout, dans son corps et son regard, révélait qu'il ne comprenait pas cette rage qui s'abattait sur lui.

J'ai scruté cette illustration des centaines de fois. Adam et Ève s'enfonçaient dans le froid, la chaleur et la faim. Surtout, ils allaient vers la mort... La vie terrestre, je m'en accommodais assez bien mais la peine de mort était difficile à accepter. Le jugement était sans appel. Adam survivrait en fouillant la terre et Ève enfanterait dans les hurlements.

Les plus malins de la classe souriaient quand il était question du fruit défendu. La pomme n'était peut-être pas la pomme que l'on connaissait. Certains croyaient que le fruit rouge était une manière de parler des mystères de la vie. Adam et Ève avaient connu les joies du corps derrière les buissons et sous les grandes feuilles. La sexualité avait fait basculer l'humanité dans la douleur et la mort. Je restais sans mot. La sexualité était donc si terrible !

La peur de l'enfer n'arrivait pas à étouffer nos rires quand l'institutrice se retrouvait sur la grille située au centre de la classe. Le souffle de la grosse fournaise retroussait ses jupes, juste assez pour montrer un genou, parfois la splendeur d'une cuisse. Les filles évitaient soigneusement le souffle de l'enfer. Nous avons imaginé tous les scénarios pour que notre enseignante se retrouve sur la bouche de l'enfer et nous laisse voir, un instant, l'ombre du péché originel.

Quarante ans plus loin, je folâtre sur le texte biblique. La vie au paradis était sans doute assez ennuyeuse si on la compare à celle d'un contemporain. Aucune lecture, pas de musique, de jeux, de télévision, d'informations, de rencontres et de découvertes. Une vie végétative presque. Il est vrai que Yahvé Dieu avait confié à Adam et à Ève la tâche de nommer les plantes et les animaux.

Ève croque la pomme après un court dialogue. L'argumentation est sommaire. Rien d'un débat métaphysique où le pour et le contre sont soupesés. Pas d'hésitation dans le premier dialogue de la Bible. Un mot engendre un geste. Ève avale sa moitié de pomme et présente l'autre à Adam qui la mange en fermant les yeux. Il ne formule aucune objection. Le temps se déclenche. La notion d'espace apparaît. Adam et Ève, spontanément, passent de l'ignorance au savoir. «Alors leurs yeux à tous deux s'ouvrirent et ils connurent qu'ils étaient nus». Ève a mangé avant mais ils «ouvrent» les yeux d'un même élan. Il faut le geste et d'Adam et d'Ève pour que l'éblouissement arrive.

«Tous deux», dit le texte. Le serpent n'avait donc pas menti.

«Ils connurent qu'ils étaient nus». Adam et Ève voient la lumière, sentent l'air et surtout, découvrent l'autre dans sa nudité de corps. Comme si Adam, comme si Ève, n'avaient jamais pris conscience de l'autre. Ils se voient comme deux êtres distincts. L'un n'est pas l'autre. Ils sont nus. La rupture suivra, l'expulsion, la mort, la souffrance et la faim.

L'humanité passe d'une contemplation passive au mouvement. Ils sont des dieux nus dans un monde qui n'est qu'avenir. Yahvé Dieu s'approche. Adam et Ève entendent les pas. La question tombe. «Tu as donc mangé de l'arbre»! Adam a une réplique étonnante. «C'est la femme que tu as mise auprès de moi qui m'a donné de l'arbre, et j'ai mangé». Yahvé Dieu se retourne. «C'est le serpent qui m'a séduite, avoue Ève, et j'ai mangé». Yahvé Dieu questionne d'abord Adam. Il est le premier interlocuteur. Adam et Ève ne sont pas égaux dans la pensée de Yahvé Dieu. «Le serpent m'a séduite et j'ai mangé», dit Ève. Son raisonnement est d'une limpidité un peu naïve. Elle ne tente pas de se disculper en affirmant: «C'est le serpent que tu as mis dans le jardin qui m'a séduite». Elle baisse les yeux et attend. Les dés sont jetés. Adam, dans la première phrase connue de lui, accuse Yahvé Dieu d'avoir «mis» cette femme près de lui. Elle est l'erreur de la création et la responsable de sa faute. Ses premiers mots, en tant que connaissant, sont pour accuser Yahvé Dieu, accabler Ève et décliner toute responsabilité. Adam amorce son séjour au pays du bien et du mal d'une bien étrange façon. Il est surtout

[137]

d'une effronterie incroyable et d'une logique désarmante.

Le procès sera expéditif. Yahvé Dieu craint ces humains capables de toutes les audaces et de toutes les effronteries. Surtout, il se sent menacé par Ève. Elle enfantera dans la douleur, proclame-t-il. Adam grattera la terre où rampe le serpent. Une sanction légère si on la compare à Ève qui est touchée dans son corps et son être.

Yahvé Dieu, infiniment bon, infiniment parfait, ferme le paradis et en fait une propriété privée. Le premier couple humain, face au temps et à l'espace, affrontera le froid, la soif, la faim, la douleur, la maladie et la violence. C'est cela être l'égal de Dieu?

La suite ne m'intéressait guère. Ève donnait naissance à Caïn et à Abel. Le couple premier a une descendance impressionnante qui ne sait que s'affronter dans des guerres et des tueries. Ils n'imaginent que l'agression. Adam aurait vécu jusqu'à 930 ans. Le texte oublie rapidement Ève qui perd son visage pour n'être que la femme du grand Innocent. A-t-elle survécu à ce compagnon irresponsable? Elle est morte à quel âge? La Bible reste muette. Dès la première génération de l'humanité, les femmes sont exclues de l'Histoire. Ève n'aura pas de généalogie et ses filles seront sans nom. C'est là un châtiment pire encore que d'enfanter dans la douleur.

Adam ronchonnera toute sa vie, on l'imagine, rappellera à chaque jour, pendant un millénaire, la cause de ses malheurs. Sa compagne des origines, celle avec qui il a su qu'il était nu, reste l'erreur de Yahvé Dieu et la source de ses misères. Ève, par fatalité biologique, craignant pour sa vie, devra se protéger de ce compagnon porteur de toutes les violences. Yahvé Dieu, en proclamant qu'Adam la dominera, a institué le patriarcat et les abus de pouvoir. Il justifiait les agressions sexuelles et la violence physique.

Le réflexe d'Adam décide de l'aventure d'Ève. Elle assumera l'avenir de l'humanité dans son corps tout en étant la grande fautive et la grande pécheresse. Adam, avec la complicité de Yahvé Dieu, se proclame le maître de l'envers du paradis. «Ta convoitise te poussera vers ton mari et lui dominera sur toi», affirme Yahvé Dieu. Ève se tait. Qui pouvait-elle accuser? La faiblesse d'Adam, son peu de jugement, Yahvé Dieu qui a mis le serpent, l'arbre et la pomme dans le paradis?... Le grand Irresponsable marmonne et Ève marche devant. Son corps ne lui appartient déjà plus. Adam la soumettra par la force et les coups si nécessaire. Yahvé Dieu le lui a dit. Il sait aussi, et c'est ce qui le met en rogne, qu'Ève emporte le paradis en elle. Yahvé Dieu n'y peut rien.

La femme, en perpétuant la vie depuis des millénaires, engendre la durée. L'égal de Yahvé Dieu, celui qui n'a pas eu droit au dialogue avec le serpent, reste l'exclus. Il est le témoin, le maraudeur qui accédera au temps par l'acte sexuel. Il vibrera, se sentira toute puissance, s'affolera dans son désir et la petite mort qui fait éclater son sexe. Il accepte mal d'être l'instant qui amorce la continuité. La sexualité des hommes est de l'ordre de la pulsion et de l'instant. Celle des femmes s'inscrit dans la permanence et l'historicité. Pour qu'il y ait présence dans le temps, l'instant masculin doit rejoindre la durée féminine. L'instantanéité de l'homme, grâce à l'acte sexuel et aux fonctions biologiques de la femme, passe dans la temporalité. Sans la femme, il n'est ni commencement ni fin. Elle transforme l'éphémère en temps réel et l'homme reste un témoin. Il a du mal à admettre que la durée sera toujours hors de lui.

J'aime croire que le mythe du paradis est plus une allégorie qu'un texte ontologique. Le nouveau-né n'aurait pas d'autres mots pour raconter l'aventure incroyable qui est la sienne. Il naît! Il est expulsé. Le ciel s'ouvre en une infinité d'espace et de lumière. Il est nu. La bulle du jardin maternel se crève et il est rejeté par les grandes eaux. Un univers gonfle sa poitrine et lui arrache le cri. Il vit! Il sait le chaud et le froid, la douleur et la mort, la solitude et la peur. La survie de la mère en dépend comme de la sienne. Le paradis maternel ne tolère plus ce dévoreur insatiable.

L'enfant que j'étais a certainement connu une indicible angoisse quand le dehors l'a avalé. L'univers me happait et j'étais seul dans l'immensité de la mouvance. Les frontières ne moulaient plus les contours de mon être. Une vague soulevait ma poitrine. C'était ma punition: l'immensité du monde et l'éternité des galaxies.

L'enfant parcourra le plus grand voyage. La faim, qui a chassé Adam et Ève du paradis, le fait citoyen de la planète du bien et du mal. Je m'imagine fou de terreur au bord de mon éternité biologique. Je pleurais le paradis qui m'était enlevé. L'air léchait mon corps et il y avait ces mains qui me palpaient et me faisaient exister. J'étais offert aux autres. Je n'étais plus l'unique sujet mais aussi un objet. L'univers s'était glissé hors de moi et je n'étais plus qu'un atome à la dérive dans l'espace. Peut-être que je savais. Il faut tellement d'étapes physiques avant de toucher la plénitude de son corps. Nous avons tant d'apprentissages et de connaissances à assumer avant d'être des adultes. Bien sûr, personne ne se souvient. Les dieux géniteurs ont toutes les responsabilités au début des temps. Je n'étais ni le premier ni le dernier. Tant de petites naissances et de petites morts avant d'éclater à mon tour dans une sexualité porteuse de paradis. J'avais à user ma dizaine de corps de formats différents avant d'être cet adulte plus ou moins réussi. Si démuni, si faible et capable de dominer toutes les espèces par ma faculté de comprendre et de fabriquer des outils. Quel chemin fabuleux! Aucun châtiment ne peut donner autant de privilèges et d'aventures.

Maintenant, je ne peux que remercier Ève. Elle est le savoir et la connaissance. Elle a déclenché le temps biologique et inventé le dialogue humain. Adam ne se trompe pas. Elle est responsable de la grande expulsion mais jamais elle n'est coupable. Il y a un monde entre la culpabilité et la responsabilité. Ève, dans son corps, est le paradis qui se referme à jamais après l'expulsion. Adam ne comprend pas. Effarouché par ce grand bouleversement, ne sachant trop ce qui lui arrive, être d'instinct, il s'obstine dans ses peurs et ses méfiances. Il restera à l'image de ce dieu misogyne qui établit le patriarcat pour plusieurs éternités.

Il n'aura pas assez de son existence pour corriger l'histoire et la faire à son image et à sa ressemblance. Ses descendants s'acharneront à légiférer pour exproprier le ventre des filles d'Ève et proclamer qu'ils sont l'unique étincelle de vie. Une obsession qui le poursuit encore de nos jours.

Le réflexe d'Adam l'amènera aux pires excès et aux plus incroyables hérésies. Il se livrera à toutes les expropriations et se proclamera la fin et le commencement, usurpera même la place de Yahvé Dieu. L'histoire de l'humanité relate cet incroyable affrontement. Yahvé Dieu aura beau se venger, l'homme n'abdiquera jamais. Le dernier coup a été porté quand l'existence du Créateur a été niée et que Yahvé Dieu a été avalé par le néant.

La version d'Adam, les femmes ne l'acceptent plus. Elles possèdent la durée et l'instantanéité de la sexualité en maîtrisant la fatalité biologique. La fertilité sauvage du corps est endiguée. Le malentendu originel trouve enfin une réponse après une humanité de retard. Deux corps ont toujours à célébrer la connaissance du bien et du mal, à inventer le dialogue après des millénaires. Les descendants d'Adam et Ève, nus, les yeux déscellés, ont à accéder au temps de la conscience et de la responsabilité. Seulement un homme et une femme, égaux dans leurs êtres et dans leurs corps, peuvent se parler et s'entendre. Alors le paradis est possible.

LA FEMME CACHÉE
DE L'HISTOIRE

Les illustrations de mon manuel d'histoire, approuvé par le Comité catholique du Conseil de l'Instruction publique, le 26 septembre 1934, m'auront accompagné pendant des années. J'imaginais l'arrivée de Jacques Cartier, sa remontée du grand fleuve, les berges boisées. Un pays d'arbres et de feuilles. Des humains avaient eu la chance de découvrir un monde nouveau quand tout était exploré autour de moi. Était-ce encore possible de vivre un événement qui bouleverserait l'humanité?

L'autochtone apparaissait devant l'Européen. Deux hommes, deux civilisations, deux humanités se regardaient. J'inventais des gestes, soupesais des silences, me penchais sur les illustrations mais ne trouvais pas ce que je cherchais. Il me fallait imaginer cette rencontre. Jacques Cartier, sur la plage de Gaspé, faisait figure de courtisan. Il dominait, avec son petit chapeau et ses dentelles, cet Amérindien placé un peu en retrait. Et, insulte suprême, il avait planté une croix disproportionnée en plein milieu du village autochtone. Bien inconsciemment, le dessinateur anonyme montrait l'arrogance et la certitude des premiers arrivants. Ils débarquaient avec la vérité et cette terre, peu importe les peuples qui y vivaient depuis des millénaires, était propriété du roi de France. La grande croix, enfoncée au milieu du campement, était le viol de tous les droits des Amérindiens. Le choc était brutal. L'autochtone, déjà, n'avait plus que des obligations. Qui aurait pu tolérer pareil affront?

Des mots résonnent. Je les ai lus des centaines

de fois.

«Il existait chez les sauvages une véritable passion pour la guerre. Sans compter le profit qu'ils pouvaient en tirer par le butin pris à l'ennemi, leur goût de l'aventure et leurs instincts de cruauté y trouvaient satisfaction [20]».

J'apprenais le racisme.

«Il était impossible de se fier à la parole donnée. Sous les prétextes les plus futiles, la paix était rompue sans scrupule... Il se croyait nettement supérieur aux Blancs et cette disposition d'esprit l'empêcha souvent d'accepter la civilisation et l'Évangile [20]». L'Amérique sera passée à feu et à sang. Dieu navigue avec ces hommes venus d'un autre monde, parlant anglais, français, espagnol et portugais. Les envoyés du Tout-Puissant amènent la civilisation et l'Évangile. Ils imposent leurs croyances d'amour avec le couteau et le mousquet. Les femmes européennes sont absentes de ces rencontres qui bouleversent le cours de l'Histoire.

L'Amérindienne scandalise les missionnaires. Le père Gabriel Sagard parle de prostitution en décrivant la femme du Nouveau Monde et ses habitudes sexuelles. Plus proche de son corps et de ses pulsions, la femme des bois prend les traits du diable. Qu'elle soit Huronne, Montagnaise ou Abénakise, elle est l'incarnation du mal pour ces missionnaires qui méprisent le corps.

L'arrivée des premières Européennes en Amérique se perd dans les brumes du Saint-Laurent. Il est difficile de savoir quand, exactement, elles furent là. Pas de date précise comme du côté des hommes. Les historiens s'attardent surtout aux religieuses et aux mystiques qui rêvent de souffrance et de douleur, de s'immoler en convertissant le plus grand nombre de païens. L'autre, la femme réelle dans son corps et ses gestes, la compagne de tous les jours, reste invisible. S'il n'y avait pas les extravagantes du Christ, personne n'en aurait parlé. Ce fut d'abord une histoire d'hommes.

Mon manuel insistait sur les affrontements avec les peuples premiers et, un peu plus tard, les escarmouches avec les Anglais qui voulaient nous voler notre pays. Si la présence française en Amérique s'amorce avec Jacques Cartier, Samuel de Champlain est le premier à vouloir habiter le continent. Il a abandonné femme et enfants sans doute, les livres ne sont pas très bavards là-dessus. L'aventure se vit en célibataire. Du mythique Ulysse aux premiers bonds d'un Américain sur la lune, il en a toujours été ainsi.

Les femmes s'effacent devant les exploits des hommes qui traquent l'autochtone et volent les territoires. Marie Rollet fut peut-être la première à s'installer sur ce continent du côté français. Sa fille, Guillemette, se marie en 1621. Marie Langlois et Mathurine Robin étaient là, avant les filles à marier, bien avant 1662. La première émigrante officielle, celle qui a droit au titre, arrive bien tardivement. L'auteur n'a de phrases que pour Jeanne-Mance. Madame de La Peltrie est pratiquement ignorée. Elles débarquent le huit août 1641. Hélène Desportes est née en 1620. Elle est peut-être la première Canadienne de naissance. Le premier enfant d'origine française en Amérique semble être une fille. Le nom de la mère se perd dans les archives. La première Européenne à poser le pied sur cette terre parlait anglais, français ou espagnol? Je miserais sur l'espagnol.

Elles débarquent en Amérique, attirées par le service religieux ou encore elles suivent un homme venu quelques années plus tôt préparer le terrain. Mon Histoire, marquée d'exploits glorieux, a des trous de mémoire. Celles qui se sont accrochées à un bout de terre, au creux des forêts, accouchant au péril de leur vie, sont toujours oubliées. Si Ève n'a jamais eu droit à sa généalogie, mon ancêtre féminin en Amérique semble surgir du néant.

Les Français font du libre échange avec les autochtones, explorent et se proclament les propriétaires de tout ce qu'ils découvrent. Ces aventuriers, j'imagine, ont échangé plus que des miroirs, en cent ans dans les bois, avec les femmes autochtones. Les manuels sont particulièrement muets sur les mœurs des coureurs des bois. Ceux qui vivent avec l'aviron et le couteau remontent les rivières, bondissent dans les rapides, le regard tourné vers le ciel à en croire les récits de mon enfance. Ils se reproduisaient peut-être par parthénogenèse. Difficile, pour une jeune qui rêve de toutes les aventures, d'avoir des saints comme ancêtres lointains. Je préférais les aventuriers plus humains, les Radisson qui ne cherchaient que l'inconnu et le nouveau.

Les femmes autochtones ont été les premières compagnes des Européens, une Ève sauvage, une diablesse que l'on abandonne au plus profond des forêts. Les manuels sont muets sur ces femmes accueillantes et méprisées. Les quelques mariages mixtes recensés montrent que les Amérindiennes, que l'on voulait européaniser, meurent rapidement. L'alimentation ou les façons de faire, l'isolement de la tribu et l'exil sur leurs terres, tuent les Amérindiennes. Ennui, regrets ou nostalgie, il est difficile d'expliquer.

Le premier mariage, entre une Amérindienne et un Français de souche, a lieu en 1644. Marie Manitonabewich était métisse. Une enfant naturelle, il n'y a pas de doute. Les arrivantes trouvent de l'emploi rapidement. Toutes d'une fécondité remarquable, explique-t-on. Les Européennes font des enfants et s'accommodent d'un foyer souvent déserté par un explorateur infidèle.

Le métissage a peu d'avenir. Il faut peupler l'Amérique avec des Européennes. Les filles du Roi, entre huit cents et mille, arrivent au Québec en 1662. Première migration significative. Lionel Groulx parle de «pauvres orphelines et de pauvres petites[21]». Léandre Bergeron les qualifie de «bâtardes de grandes dames de France, d'orphelines, de prostituées par nécessité[22]». Mes ancêtres féminins sont des saintes ou des prostituées. Jamais on ne fera cette distinction entre les hommes. Ils sont des héros de naissance et de vaillants défricheurs. Il est encore plus difficile de retracer «un gibier de potence par nécessité».

Les hommes, ceux qui ont fait que je vivais au bout du lac Saint-Jean, me léguaient une suite sans fin d'aventures guerrières, de voyages et de découvertes. Mon arrière grand-père avait fondé le village. Il était venu à l'automne. Mon arrière grand-mère Philixine avait suivi le printemps revenu. L'histoire est banale. Ce qui importait, c'était de pouvoir recommencer à neuf et de rêver l'avenir.

[149]

Le pays qui m'entourait était le monde de Picoté de Balestre, de La Tourette et de Nicolas Perrot. Des peuples aux coutumes étranges et fascinantes, aux vêtements singuliers, avaient posé les pieds où je mettais les miens. Les forêts profondes, les bêtes sauvages, les rivières poissonneuses restaient le lieu de l'aventure quand j'avais douze ans. Mon père avait côtoyé l'ours et entendu la plainte du loup. Le défi rôdait dans les montagnes et les forêts tressées d'épinettes qui menaient à Chibougamau et au bout du monde.

Les femmes, au village, occupaient peu d'espace, étaient privées de l'inconnu, du nouveau et de l'étrange. Nous nous penchions pourtant sur les mêmes livres à l'école et rêvions devant les mêmes exploits. L'aventure, quand vous naissiez de sexe féminin, vous était interdite.

L'histoire moderne de l'Amérique fut une terrible guerre d'invasion. Ce territoire, peuplé par près de soixante et dix millions d'habitants pour l'Amérique du Nord, selon certains historiens, aura été le paradis de la rapine et du vol. Cinq cents ans plus tard, à peine un million d'Amérindiens survivent sur ce même territoire. Le Nouveau Monde fut un espace où se heurtèrent le bien et le mal. La religion était, et de loin, l'arme la plus dangereuse que possédaient les Européens. Les vrais propriétaires furent expropriés et le continent scié en deux par bulle papale en 1493. Ce fut expéditif. À dix ans, je n'étais pas conscient que mes héros étaient des pilleurs et souvent des meurtriers. Le vrai, l'authentique Montagnais qui vivait dans sa réserve, près du lac Saint-Jean, resta un inconnu. Je ne faisais pas le lien entre l'autochtone de la télévision et celui de Mashteuiatsh. Il traversait parfois le village, s'arrêtait devant un magasin, repartait dans une vieille voiture qui s'évanouissait dans la poussière. On lui reprochait sa liberté, sa différence et sa place dans l'univers. Il y avait de la peur et une forme d'envie dans ces propos.

L'Amérique a été une occasion unique d'imaginer une société qui corrigerait les erreurs du passé. Les migrations successives, les avancées sur le continent sont souvent le fruit d'un rêve mythique et religieux. L'Amérique, l'envers de l'Europe avec ses espaces sauvages, ses populations migrantes et multiples, permettait le retour du paradis perdu et la régénération. L'amalgame, imaginable au temps des découvertes et des explorations, tourna rapidement à la confrontation. L'Européen, convaincu de sa supériorité, ne chercha qu'à assimiler et dominer l'autochtone. J'aurais pu être un autre avec un peu moins d'arrogance et de certitudes. Je le suis peut-être, d'une certaine façon. Ce rêve affola les missionnaires. L'apartheid a vite fait sa place dans le Nouveau Monde. C'est sur ce même continent, où l'on chantait la liberté, que l'esclavage connut son apogée.

L'Amérindien vivait dans un univers fini où il n'avait qu'à s'intégrer. L'Européen croyait qu'il fallait dompter la nature, l'organiser et la civiliser par un travail et un effort acharnés. Des milliers d'années séparaient les peuples chasseurs de ces Blancs embrigadés par Dieu et la nation souveraine. L'un vivait retranché dans un monde tout près du paléolithique, tandis que l'autre avait dompté le feu, plié le métal et la foudre. Des millions d'autochtones, reconnus comme des êtres humains entiers par décret papal en 1537, furent refoulés par des hordes d'envahisseurs aux armes redoutables. Le choc fut terrible. L'Américain ne pouvait triompher. Le conquérant était beaucoup plus raffiné dans l'art de la cruauté et de la guerre.

Les femmes, autant du côté des Américaines autochtones que des émigrantes, furent avalées par le choc de ces deux mondes. Les Amérindiennes, les véritables Américaines, furent culbutées par les hommes de Civilisation et payèrent de leurs corps le recul de la barbarie. Elles furent violées, prises en otage, partagées avec le butin et les terres. Mon manuel ne raconte pas ces exploits historiques.

Traités signés et déchirés, guérilla avec les Iroquois marquent la période héroïque de mon Histoire du Canada. Le premier coup de feu d'un Français a été tiré contre eux et ils n'oublièrent jamais. Les massacres furent pourtant assez clairsemés. Lachine, avec ses deux cents morts du côté de la population blanche, fut notre holocauste. Les pertes furent toujours plus considérables chez les autochtones mais on ne trouve pas de statistiques les concernant. Les tortures infligées aux martyrs canadiens, les haches brûlantes, les ongles arrachés nous faisaient frissonner à la petite école. Les Mohawks de l'époque étaient des démons échappés de l'enfer. La crise d'Oka est vieille de plus de quatre cents ans, il faut croire.

Les femmes étaient épargnées par les tortures, la mort héroïque et fanatique. Quelques enlèvements, quelques mortes mais rien de comparable à ce que subissaient les hommes. La carrière de héros avait aussi ses mauvais côtés.

[152]

Et ce qui devait arriver arriva. Les Français sont refoulés par les colonies du Sud, leur présence circonscrite peu à peu. En 1763, les héritiers de Champlain deviennent des sujets britanniques. Français de langue et de religion, plutôt sauvages de mentalité et explorateurs dans l'âme, mes ancêtres devenaient citoyens du Canada. Les francophones étaient bannis de l'Amérique, réduits à l'état de prisonniers et confinés dans cette réserve qui se limitait, pour l'essentiel, à la vallée du Saint-Laurent. Mes héros étaient vaincus, anonymes, privés de leur passé et de leur avenir. Que l'occupation fût relativement douce et généreuse ne change rien à cette réalité. Mes ancêtres d'Amérique, avec les peuples autochtones, subirent une invasion et ont été vaincus par les armes.

Je comprenais mal qu'ils aient abandonné si rapidement. Il aurait été possible d'effacer l'insulte des plaines d'Abraham. Le livre le disait. L'affrontement avait duré une journée à peine et quelques jours plus tard, Lévis était passé à un doigt de repousser l'envahisseur. Les Canadiens avaient été indisciplinés sous les ordres de Montcalm. À Montréal, une grande partie des miliciens étaient disparus entre les érables. Plus, il avait fallu un mercenaire pour que l'envahisseur trouve le sentier des plaines d'Abraham. Mes ancêtres, sans doute, s'en remettaient à la France pour chasser ce visiteur un peu gênant.

Mon épopée de conquêtes, d'explorations, de découvertes et d'aventures, bascule dans une lutte de parlementaires et de religieux. Je lisais et relisais, en serrant les dents. Les Canadiens d'alors étaient dépouillés de leur identité et gardés à vue dans la Grande réserve. Autant j'avais de la facilité à retenir les dates qui précédaient 1763, autant j'oubliais les lendemains de la Défaite. J'entrais dans une longue période où ce qui était écrit servait à masquer la véritable histoire.

Les femmes avaient compté les dix mille morts de la guerre et rassemblé les enfants en se méfiant du vainqueur qui sillonnait les routes. Elles pouvaient aussi être le butin de ce guerrier à la langue honnie. Les femmes savaient, elles ont toujours su. Mon livre passe rapidement sur les jours qui suivent la Défaite. La peur s'installe. Elles vivent un véritable état de siège. Pour plusieurs, elles doivent apprivoiser un mari démobilisé.

Il faut parler de la Défaite. Nous sommes des conquis à la nationalité floue et à la langue clandestine, des francophones britannisés, des catholiques isolés dans un continent de protestants. Mes ancêtres sont bannis des plaines de l'Amérique et gardés à vue dans la vallée du Saint-Laurent. Ils étaient exclus du partage du monde et du paradis américain.

Pas un embryon de peuple ne perd ses rêves et ses territoires, dans un traité signé sur un autre continent sans songer à la revanche. Les vaincus prirent du temps à comprendre que la France les avait troqués pour un sac de sucre. Ils ne pouvaient se permettre un autre affrontement armé avec les Britanniques. La réalité, c'était les dix mille morts de la Défaite. Ils avaient surtout du mal à accepter l'enfermement dans la Grande réserve, la sédentarisation forcée sur les berges du grand fleuve et de ses affluents. Ces habitants têtus et farouches, toujours prêts à fuir dans la forêt où ils sont parfaitement à l'aise, ont perdu l'espace mais ils gagnent le temps. Par un curieux revirement des choses, quelques années plus tard, ces Canadiens francophones sauvent la colonie devant les Américains. J'aurais pu acquérir la citoyenneté américaine après avoir été Français et Britannique.

L'émigration, désormais impossible, la véritable Histoire du Québec contemporain s'amorce et elle repose tout entière sur les fonctions biologiques des femmes. L'homme dépose son titre de héros. Dorénavant, il sera responsable du ravitaillement. Le rôle est obscur et sans éclat. Il grattera la terre pour se nourrir, marchera derrière les résistantes aux ventres rebondis qui reprennent le pays centimètre par centimètre.

Les nouveaux sujets britanniques francophones, canadiens québécois, amorcent alors l'occupation méthodique du sol. Ils s'attaquent avec acharnement à ce qui a toujours été le talon d'Achille de la colonie française. Ils réalisent, avec deux cents ans de retard, que les Britanniques ont fait les bons choix dans les colonies du Sud. Les francophones, tous de race blanche et de religion catholique, rêvent de la libération future. La gestation d'un véritable état francophone en Amérique du Nord s'amorce et les autochtones disparaissent définitivement de mon manuel.

Le clergé, inquiet pour le catholicisme et son propre sort, amorce une politique de collaboration avec le Conquérant. Il faut rassurer les vainqueurs et réorganiser une société amputée de ses dirigeants. La démarche est périlleuse. Langue, religion et identité nationale sont indissociables. Mon passé glisse dans la clandestinité. Il faut feuilleter les albums familiaux pour savoir. Elles sont là les combattantes timides, immobiles aux côtés de ces grands gaillards sauvages qui bombent le torse. Elles ont les joues creuses et semblent un peu anémiques. Elles ont poussé si vite! Dépossédées de toute liberté, réduites à l'état de ventre national, elles formeront des bataillons. Leurs corps portent la multitude.

Des milliers de femmes tomberont en accouchant d'un résistant ou d'une résistante. La loi ne faisait pas de quartier. L'enfant d'abord. Ce fut la plus longue guerre jamais menée en Amérique. Les soixante-neuf mille Canadiens gardés à vue, dans la Grande réserve en 1763, auraient pu être près de douze millions en 1990.

Les francophones se spécialisent rapidement dans l'art de jouer aux sujets britanniques tout en agrandissant les limites de la vallée du Saint-Laurent. Les femmes sont l'arme secrète et la force subversive qui permettra à la nation de se redresser. Les accouchements seront comme autant de faits d'armes de cette guérilla. Toutes d'une fécondité remarquable, répètent les scribes en habit noir. Les victimes sont portées silencieusement aux cimetières. Elles ont droit à la grosse cloche, celle qui ponctue les catastrophes et les moments un peu plus heureux. Ce sera leur seul moment de gloire. Les épitaphes rappelleront les jalons de cette guerre sainte. Leur mausolée sera une petite pierre. Elles sont là, mes héroïnes, au garde à vous dans la mort. Elles ont à peine dix-huit ans, peut-être vingt. Leur vie a été gravée entre deux dates qui s'effleurent. Une existence qui a juste la longueur d'un trait d'union face à la mort. Elle est tombée dans la trentaine l'épouse-soldat, sacrifiant sa vie pour l'État à venir. Son passé clandestin, on peut le retracer dans les cimetières qui longent le Saint-Laurent.

J'aurais été incrédule si le curé Gaudiose m'avait dit, sur les bancs de la petite école, que ma mère dirigeait un bataillon de résistants qui sauveraient mon pays. Mon aventure s'encombrait de biberons, de couches et de berceaux. Le futur héros ne s'y retrouvait plus. Les familles prennent la dimension d'une tribu. Ma mère a mené vaillamment son combat en étant enceinte plus de huit ans pendant sa conscription. Elle fut l'une des dernières, avec les femmes de mon village, à mener cette guerre messianique.

Mon passé se meurt dans la grisaille des jours. Il est froissements de soutanes et fumée des cierges. Mes chants de la résistance montent en latin, en jurons et en blasphèmes. Il y a des odeurs de bêtes aussi et la complainte des scies et des coups de hache. Je m'exalte un peu devant la création du Parlement et l'élection du premier président de la Chambre. Une gigue parfois, un chant ancien venu du bout de la mémoire me réveillent. Je me mords les lèvres devant l'erreur des patriotes et de Papineau, ferme les yeux sur Louis Riel. Deo Gracias! Est-ce la nation française que l'on a voulu pendre le seize novembre 1885? J'entends des pas sur la neige. Je suis soulevé par la poudrerie. Ma place est au ciel où l'Anglais ne me rejoindra jamais. Une voix dans une classe surchauffée répète que Dieu est infiniment parfait et infiniment aimable. Un chœur salue Marie et ses entrailles bénies. Qu'est-ce que Dieu? Où est Dieu? Souvent, j'ai eu l'impression qu'il habitait le village et le grand presbytère. L'encens brouille ma mémoire. Le village chante à plein poumons dans la chaleur retrouvée. Il fait juin. La sueur colle les chemises aux aisselles. Les filles sont si belles avec leurs petits chapeaux à voilettes et leurs gants blancs. La fête de Dieu. Les oiseaux se prosternent devant l'hostie. Je le sais, c'est le pays de mon enfance, ma vraie histoire.

La visite du curé Gaudiose, une fois par année, me fascinait tout en m'effarouchant un peu. La famille s'agenouillait quand il mettait le pied sur la galerie d'en avant. La tête basse, je retenais mon souffle. Il réglait ses comptes. Après quelques minutes, longues comme de grands morceaux d'éternité, il bénissait la maison et sortait. Mon père, si rebelle et si têtu, s'agenouillait devant cet homme qu'il aurait pu dominer de tous ses muscles. Quand j'évoque le curé Gaudiose, des images du mal et de l'enfer surgissent. Ses apparitions à la petite école étaient toujours aussi inquiétantes.

Différentes vagues migratoires font éclater les limites de la Grande réserve. Les poussées vers le Saguenay, la Mauricie et, un peu plus tard, vers l'Abitibi, furent les plus marquantes. Le rempart naturel de l'Amérique anglophone, celui qui devait assurer l'homogénéité des francophones, se fissura aussi. Surpeuplé, cherchant d'autres territoires à occuper, le Québec connut une véritable hémorragie vers le Sud. Le Québec d'en bas pouvait-il exister? Les historiens détournent les yeux. Le clergé tenta de colmater la fuite mais dut se résigner à suivre les déserteurs. L'enracinement par la terre ne pouvait plus être la seule activité économique des francophones d'Amérique.

Les enclaves de l'Ouest sont vite cernées par des arrivants de culture et de langues différentes. Les colonies avancées se montrent vulnérables. La pendaison de Louis Riel montre bien que les anglophones ne permettront jamais de colonies françaises, indépendantes et autonomes, hors de la Grande réserve. Là-bas, au pays des Américains, il n'y a plus que des noms de rues pour se souvenir de cette grande migration venue du Nord, de quelques cimetières laissés à l'abandon par des descendants qui ont perdu la mémoire.

Le clergé a toujours su juguler la tentation de la force et de la violence. Une seconde conquête, bien réelle, négociée ici serait beaucoup plus éprouvante que celle de 1763. Le temps leur donna raison. Toute rébellion armée et généralisée des francophones aurait mené au désastre. Le clergé a fait preuve d'un réalisme politique surprenant.

Les religieuses soignent et éduquent. Le système scolaire était le cœur de cette idéologie de résistance. On forma des analphabètes à peu près fonctionnels dans la langue de la foi. L'enseignement supérieur débouchait inévitablement sur la formation du clergé. J'ai reçu cette éducation à la petite école. Le catéchisme s'apprenait selon une méthode qui tenait du lavage de cerveau. Je me souviens encore des dogmes de ce livre après des années. Je peux répéter mes prières latines jusqu'à en perdre le souffle. La grammaire, l'histoire, celle d'avant la Défaite surtout et le calcul constituaient les fondements de mon apprentissage. Nous y retenions surtout la méfiance et le rejet des idées pernicieuses. Nous jurions fidélité aux muscles dans la crainte du péché et de l'enfer. Nous étions soumis aux additions et aux soustractions, peu enclins aux multiplications. Une société de droit divin et de certitudes, où les femmes sont soumises de corps et muettes d'esprit.

Pendant deux cents ans, le Québec vivra en bordure de l'Amérique sans bouleversement technologique ni révolution industrielle. Tous les efforts vont vers l'occupation du sol et des forêts qui enrichissent les marchands anglophones.

LE LECTEUR
CLANDESTIN

A voir quatorze ans, en 1960, c'était plonger brusquement dans l'inconnu. Le saut était périlleux mais le risque à peu près inexistant. La télévision nous montrait, depuis près de dix ans, le monde et, surtout, la manière américaine. Il ne pouvait y avoir d'autres modèles. Le temps de construire un État francophone en Amérique était venu. Paul Sauvé lance *l'Âge de la parole*[23]. C'était le onze septembre, en 1959. Désormais, le peuple élu entre dans sa phase d'affirmation. Notre société s'incruste dans la marche du siècle pour être enfin une composante de l'Amérique. Après deux cents ans, le Québec bouge à la face du monde. Le pays tout entier attendait la mort de ce premier ministre d'un autre temps, pour ouvrir les fenêtres et dépoussiérer un État désuet. Le lendemain des funérailles de Maurice Duplessis, l'avenir bondissait dans le présent. Le Moyen Âge prenait fin. Bien involontairement, Duplessis avait préparé ce virage en levant un impôt québécois. Il avait mis l'outil dans les mains de Jean Lesage. Je me souviens. La nouvelle de la mort de Maurice Duplessis s'était répandue comme un feu d'herbe. Les rumeurs les plus folles circulaient. Les gens s'arrêtaient sur la route, discutaient avec de grands gestes. Notre premier ministre avait été assassiné dans son voyage sur la terre de Caïn. Je ne sais d'où venait la rumeur. Mon père n'avait pas réagi. Il avait souvent voté rouge et changeait facilement d'allégeance lui qui était si têtu dans ses idées de tous les jours. La politique était un sujet tabou dans la famille. Un seul de mes frères avait osé s'afficher lors d'une campagne fédérale en collant la photo de Louis Saint-Laurent sur les portières de sa voiture. Nous avions eu nos feux de paille le soir du scrutin. Ma mère en avait parlé pendant des semaines.

Les libéraux lancent la Révolution tranquille, mettent fin officiellement à la guerre d'occupation. Lesage et ses libéraux font passer l'économie de résistance à une économie de marché. Le Québec se met à la production sur une grande échelle de biens de consommation. La libération nationale n'aura qu'à se concrétiser, dans la reconnaissance de l'État francophone, le moment venu. Le développement de l'appareil étatique n'est possible qu'en misant sur les connaissances et le savoir, la communication et l'éducation. La pierre angulaire de cette révolution est la création d'un ministère de l'Éducation, d'un réseau de soins de santé géré par le gouvernement civil.

L'État s'approprie les deux axes qui ont permis au clergé de diriger le Québec depuis 1763. Le pouvoir religieux trouve tout naturellement sa place dans le nouvel appareil étatique et beaucoup troquent le col romain pour la cravate. La passation des pouvoirs dans les hôpitaux se fait aussi en douceur. La nationalisation de l'électricité pose plus de difficultés. Pour les citoyens, elle n'aura jamais autant d'importance que la tutelle de l'État sur l'éducation et les services de santé.

Je savais et mes amis savaient que nous ne pourrions plus nous appuyer sur le passé. Nos routes menaient à l'université. Les filles aussi seraient libérées du service domestique obligatoire et de la maternité absolue. Elles étudiaient, elles auraient un travail rémunéré et une vie autonome. La politique nataliste avait provoqué une migration du centre vers la périphérie. La Révolution tranquille amorce le reflux qui videra pratiquement les régions trente ans plus tard. Je fus de la première vague. Mes parents n'osaient plus se moquer, comme ils l'avaient fait si souvent, de ceux qui poursuivaient des études. L'université, pour ma famille, resta un mot étrange. Mon père ne me voyait plus dans l'uniforme d'un policier «qui domptait du monde». Ma mère m'imaginait avec la cravate de l'enseignant. Après tout, il m'arrivait d'échapper des mots qui les faisaient sourire. J'ai failli exaucer son vœu mais Kérouac et Miller me firent changer d'idée.

Dieu se retire sur la pointe des pieds. Je suis seul avec des idées toutes neuves. Mon père sentait que son monde s'effritait mais il ne pouvait que hocher la tête. La maladie le courbait de plus en plus à chaque jour. Son corps l'abandonnait. La ferme familiale avait été vendue. Pas un fils ne voulait suivre la tradition. Aussitôt le contrat signé, le nouveau propriétaire avait abattu les grands peupliers, l'héritage que mon grand-père avait légué à ses descendants. Les odeurs qui avaient bercé les nuits de mon enfance basculèrent dans un râle de scie mécanique. Mon père et ma mère avaient emménagé dans une petite maison du village pour mieux regarder passer l'avenir. Ils montraient leur désarroi devant la télévision et ma mère répétait, en hochant la tête, que «le bon Dieu était fâché».

Je découvrais la poésie et la littérature. Ma mère s'inquiétait de la rentabilité d'une pareille vocation. Quand elle me voyait avec un roman, elle ne pouvait que marmonner en hochant la tête. Mon père haussait les épaules et répétait qu'on n'apprenait pas à travailler dans les livres. C'était un univers peu prisé dans ma famille. Je lisais et relisais des histoires que nous avions ramenées de l'école, à la fin de l'année. Les écoliers recevaient des livres à l'époque. Je me laissais prendre à chaque fois par les aventures de d'Iberville et les exploits de Fanfan d'Estée. Quelle joie quand Monsieur Poirier, un voisin, consentit à me prêter des numéros de sa grande encyclopédie! Il m'offrait un univers d'images et de mystères, des peuples et des légendes qui me fascinaient. J'aimais les sonorités étrangères, les répétais tout bas et, parfois, dans les champs, je les risquais à haute voix quand j'étais certain que personne ne pouvait m'entendre. Le monde était un immense volume qu'il fallait découvrir page après page.

Un peu plus tard, je suis devenu lecteur clandestin. J'allais au lit très tôt pour mieux plonger dans une histoire. À la lueur d'une petite ampoule qui restait toujours allumée près de l'escalier, je parcourais Félix-Antoine Savard, Félix Leclerc et Ringuet. L'école, dans une bibliothèque à peine plus grande qu'une armoire, alignait la belle collection Nénuphar de Fides. J'ai tout lu. C'était peut-être un péché mais je ne l'ai jamais inséré dans la liste que je répétais au curé Gaudiose. Je lisais lentement, dérivant au cœur de la nuit, dissimulant mon livre au moindre bruit.

Ce sont mes oncles qui m'ont légué cette fascination pour les histoires, je crois. Quand ils débarquaient, avec des abondances de gestes et de rires, les ours, les orignaux, les arbres, les lièvres et les lacs prenaient des proportions gigantesques. Le monde se transformait dans un clin d'œil, un geste et un grand éclat de rire. Ma mère protestait mais finissait par rire avec eux. Mon père, toujours si économe de ses phrases, trouvait des blagues que nous ne lui connaissions pas. Le rire faisait oublier la douleur, la misère et les pires difficultés. Tout n'était que blagues dans la vie de mes oncles quand ils posaient les pieds sur le prélart impeccable de la maison maternelle. Dans la réalité, c'était tout à fait différent.

Tout de suite, j'ai voulu écrire. Je trahissais, j'en étais convaincu. Écrire, quand toute la famille dormait, était certainement une tare. J'imaginais des aventures et des exploits mais ne trouvais jamais la façon de m'y perdre. Pendant des années, mes tentatives ont battu de l'aile après quelques pages et mon imagination chavirait vite au bout de ses phrases. J'esquissais des poèmes, me tournais vers le visage d'une fille aux cheveux longs qui m'affolait le cœur et le corps. Les mots se changeaient en dessins, s'attardaient sur des lèvres et des yeux, moulaient une épaule mais n'osaient pas effleurer les seins. Je l'habillais de tous les mystères, lui offrais des sourires secrets et des «gestes sonores». Je n'osai jamais aller jusqu'au «dérèglement de tous les sens [24]». Dans la réalité, c'est à peine si j'arrivais à m'approcher de cette fille rieuse. Mes images et mes textes raturés cent fois se changeraient peut-être en missives... Je n'ai jamais eu cette audace.

À Saint-Félicien, il y avait beaucoup plus de livres et surtout une troupe de théâtre. Mon horizon s'élargissait. Je montai sur une scène pour la première fois, jouai Sganarelle et plusieurs autres personnages,

[167]

m'accrochant à un rêve qui prenait les dimensions d'une certitude. Je serais écrivain. Pas un métier, pas une autre carrière ne me fascinait autant. Je serais écrivain mais j'osais à peine balbutier le mot. J'inventerais un monde immuable où rien ne changerait, un univers à l'abri des bouleversements, des départs et des gestes qui vous noient dans l'inconnu.

La littérature me subjuguait. Jean-Joseph expliquait: un texte est une matière vivante. Il suffisait de le ranimer avec son corps et sa voix, respirer, se laisser porter par le rythme des répliques. C'était la vie, la vie plus vraie que celle que je retrouvais en rentrant à la maison. J'étais de tous les spectacles et, avec quelques amis, j'en inventais dans mon village. Sur scène, j'avais toutes les audaces, soufflais à l'oreille de ma partenaire, lui effleurais la joue et la regardais dans les yeux. Je l'aimais et elle m'aimait. Je trouvais les mots et profanais tous les secrets. C'était une façon de tout avouer en me glissant dans un texte, de faire de ma vie un rôle. Après les applaudissements, je ne savais plus que démaquiller mon silence.

J'esquissais de courtes scènes qui tenaient du burlesque, revenais à mes poèmes comme à des textes sacrés. Je croyais à l'inspiration, à l'élan, à un état second qui me ferait écrire le chef-d'œuvre. J'y ai réussi un premier texte de théâtre d'une centaine de pages. Il était question d'amours et de révoltes, de désirs refoulés et d'une volonté farouche d'échapper à l'enfermement des jours. C'était avant mon exil à Montréal. Je lisais Rimbaud et Verlaine dans des versions épurées, Nelligan, Saint-Denys Garneau et Anne Hébert. Les blancs m'obsédaient plus que le texte. J'ai passé des heures à imaginer la réplique manquante de Corneille ou de Racine. Les frères Maristes s'accrochaient au passé même si la fin de la censure approchait. *Les Misérables*[25] de Victor Hugo, acheté à la tabagie, m'avait valu une admonestation de la part du frère bibliothécaire.

Le collège de Saint-Félicien m'a permis de découvrir des fragments de Rimbaud, de Verlaine et de Baudelaire. La littérature était un véritable puzzle alors. Rousseau et Montaigne étaient des noms avant tout, des «morceaux choisis». Voltaire, l'auteur qui n'aimait pas la neige, était identifié comme le grand Satan. Mes amis ne juraient que par les aventures de Bob Morane et je cherchais des livres peu fréquentés. La petite bibliothèque ne recelait guère de surprises mais j'avais réussi à mettre la main sur la thèse de Séraphin Marion. Personne n'avait ouvert ce livre avant moi. Mes amis furent impressionnés par ma connaissance de Nelligan. Je découvrais surtout qu'un texte pouvait être retourné comme un champ à l'automne. C'était une matière vivante qui ne livrait pas facilement ses secrets. Je trouvais ma voie. Au couvent, je ne sais ce que les filles lisaient. Je les voyais si peu. Jamais l'une d'elles ne partagea ma passion pour les mots et la littérature.

Les bouleversements prirent un certain temps à secouer mon village. Des jeunes avaient migré pour des études ou du travail, revenaient lors des vacances et des congés, vantaient la ville et les miracles de la consommation. Ils provoquaient des sourires et des haussements d'épaules. Un jour ou l'autre, j'aurais à les suivre. Je voulais me faire comédien mais la timidité m'empêcha de réaliser mon rêve. Il aurait fallu tourner le dos à mon village et apprendre une autre langue. Je voulais bien quitter mais le droit de revenir était tout aussi important. J'hésitais, je retardais ma décision.

Les hommes de ma famille discutaient abattage, affûtage, sciage, semences et récoltes. Mon père vantait les vertus du cheval et mes frères ne juraient que par le dernier modèle de Ford. Ma mère avait usé les mots lavage, repassage, repas et explorait une cuisinière électrique toute neuve avec une gestuelle quasi religieuse.

Nos études prenaient de curieux sentiers. La religion occupait encore beaucoup de place dans nos discussions. Le propriétaire du restaurant se scandalisait souvent de nos libertés, de nos choix et de nos refus. Un hasard de génération faisait que j'avais un autre présent à inventer.

Après douze heures de train, en 1965, je débarquais à Montréal, craignant Dieu et le péché. J'étais encore imprégné des sermons du curé Gaudiose malgré les discussions et les doutes. Il était venu le temps d'être homme.

Je ne connaissais que les champs, la forêt, les lacs et les rivières. J'avais à apprivoiser les trottoirs, l'asphalte, un appartement à peine plus grand qu'une chambre, à m'habituer à un voisin qui murmurait de l'autre côté du mur. Ils étaient partout, à gauche, à droite, en haut et en bas. J'étais émigrant dans ma langue. Seul et plus effarouché encore devant ces étrangères qui savaient tout à l'université. Je partageai un sous-sol avec un émigrant du même village que moi. Il étudiait en éducation physique. Parfois, il ramenait une amie et je me sauvais dans la nuit, marchais encore, m'attardais dans un cinéma, arpentais les trottoirs jusqu'à épuisement. La ville m'isolait comme jamais je ne l'avais été. Je sortais à l'heure des chauves-souris, quand elles battaient des ailes dans mon village mais dans la grande ville, je n'avais plus conscience de l'espace.

J'avais toutes les libertés et toutes les responsabilités désormais. Je n'oublierai jamais. J'assistais à la messe tous les dimanches, à dix-sept heures, écoutais le sermon d'un curé anonyme, prenais plaisir à surveiller les gens comme je l'avais toujours fait. C'était à la frontière d'Outremont. Le curé ménageait ses effets, tournait sur ses phrases et calculait ses silences. Il était mauvais comédien. Tout ce qui avait traumatisé mon enfance n'était que jeu et représentation. Je le voyais maintenant. Le ciel, le péché et l'enfer étaient une grande et belle histoire. J'assistais à un spectacle. Je suis sorti la tête dans les épaules. Je tournais le dos à mon enfance. C'était un dimanche de novembre, en 1966. *La Nausée*[9] gonflait la poche de mon veston, je crois.

Cette migration m'avait laissé un peu étourdi sur les trottoirs de Montréal. Je n'avais jamais quitté le Lac-Saint-Jean auparavant. J'avais pris le chemin des outardes trop frileuses pour affronter l'hiver, troqué ma force musculaire pour la connaissance. Le Sud m'enjôlait avec ses mots et ses images, ses douceurs et ses miroirs. Tous les garçons et toutes les filles de ma génération furent des nomades et des déserteurs. Certains, incapables de tourner le dos à la paroisse et à la famille, rentrèrent au village la tête basse. Ils avaient échoué.

J'étais bien trop orgueilleux pour céder. Je ne pourrai jamais dire combien ce fut difficile et bouleversant.

Je misais sur les livres et parlais peu de mon rêve d'écrivain. J'avais du mal avec cette profession qui n'en était pas une. Je venais de si loin. Je m'arrachais à un autre siècle pour me glisser dans la modernité. Tout m'effarouchait. Même mon contact avec les livres avait été difficile et exigeant. Depuis des jours, je méditais mon incursion. J'avais un peu peur, comme si j'allais entrer dans le lieu qui faisait hocher la tête de ma mère, comme si tous les sourires de mon père me retenaient à la porte. J'ai foncé, sachant que mon univers ne serait plus jamais le même. Je quittais mon enfance pour entrer dans ma vie d'adulte. Que faire de mon corps, de mes mains et de mes larges épaules de bûcheron dans une librairie? J'avais des palpitations. À peine si j'ai pu me faufiler dans ces passages où des millions de phrases m'attendaient. Je me souviendrai toujours de cette incursion, chez Leméac, rue Laurier. C'est là que j'ai su que je voulais tous les livres. Une fille m'avait offert son aide mais j'étais paralysé. J'aurais pu m'évanouir ou encore prendre la fuite. J'ai montré les livres et me suis caché entre deux rangées. Je n'arrivais pas à ouvrir la bouche.

Je suis ressorti avec un roman qui avait été écrit pour moi. À Saint-Félicien, il fallait prendre le titre qui aboutissait sur le présentoir de la tabagie. Chez Leméac, je basculais dans un monde de rêves, j'avais à choisir un titre entre tous les titres. Jamais livre ne fut plus précieux. C'était *L'Étranger*[26] d'Albert Camus.

Je ne sais si c'était mon exil mais je m'identifiais parfaitement à Meursault dans le grand Montréal. Il était mon frère. Je fus subjugué au point de paraphraser le roman. Je me perdais dans de longues randonnées qui menaient toutes à l'université, des soirs de grandes feuilles d'octobre qui collaient sur les trottoirs. Je marchais en scandant des phrases. Je n'avais pas assez d'argent pour me payer l'autobus mais qu'importe. Je rognais sur tout pour avoir droit à mes visites chez Leméac. Il fallait quarante minutes pour contourner l'oratoire Saint-Joseph et quarante autres pour revenir.

Pendant ces méditations, je discutais avec Meursault, lui expliquais mon village, la solitude et mes craintes. Les maisons, aux dimensions irréelles, prenaient la forme d'une forteresse. Antoine Roquetin, parfois, se joignait à nous. Il suivait en silence, les mains dans le dos. Son souffle m'accompagnait et l'univers alors se plaignait doucement dans la nuit. Je revenais sans cesse à Sartre, sur une de ses phrases pour la graver dans mon corps. «Moi, je vis seul, entièrement seul. Je ne parle à personne, jamais; je ne reçois rien, je ne donne rien [9]».

Je traînais dans mes études, me gavais de lectures et elles allaient, venaient, travaillaient, partageaient un bout de vie avec un barbu emmêlé dans ses théories. Je restais seul par volonté et par peur.

L'univers avait perdu ses horizons. J'étais peut-être un moine qui cheminait à côté de son corps et qui frissonnait dans sa tête. Je me glissais parfois dans une salle de théâtre pour y surprendre *Les oranges sont vertes* [27] de Claude Gauvreau et *Les grands soleils* [28] de Jacques Ferron. Je fréquentais l'université tout en restant farouchement à l'écart de mes collègues. Je pratiquais l'écriture, lisais à en perdre le souffle: Dostoievsky,

Giono, Tolstoi, Sartre, Camus, Malraux, Hemingway, Hesse, Hugo et Zola. Je lisais tout ce que je pouvais trouver d'un écrivain avant de passer à un autre.

Parfois, une virée avec des compagnons du village ramenait les gestes de là-bas et les mêmes excès. C'était bon ces rires qui nous faisaient vider tous les verres et tapisser la nuit entière de phrases. J'avais perdu le ciel et les nuages dans ma migration. Il me restait à forger des poèmes et à fumer comme Jean-Paul Sartre. J'apprenais Miron comme une prière, me penchais sur Chamberland et tentais de battre ce pays figé sous ses excès de blancheur. Il hantait tous les poètes. J'emboîtais le pas.

Je tâtonnais et ramenais peu à peu mon écriture à ma réalité. Ce fut l'écriture d'*Anna-Belle* [12] et, un peu plus tard, celle du *Violoneux* [15]. L'incipit d'*Anna-Belle* [12] dit tout. Je rentre au village par ma littérature. Je savais qu'il fallait un autre pays pour m'accrocher à l'avenir et forger mon univers romanesque. J'avais vingt-deux ans en 1968. À Paris, mes semblables cherchaient le sable sous les pavés. Ici, le siècle avait cinquante ans de retard. J'avais échappé aux réformes, étudié dans une sorte de couloir qui n'était pas tout à fait la modernité mais plus du tout la tradition. Les sermons du curé Gaudiose à peine oubliés, je faisais face à Marx et Lénine. Je trouvais des pistes chez Durrell, Cendrars, Miller et Kérouac. J'ai eu le coup de foudre pour Giono et Bosco après une période slave. J'étais l'évadé, le grand mystique, le paysan obstiné qui sarclait le poème, le bûcheron qui s'imprégnait de Tristan Tzara, Guillevic, Saint-John Perse et Francis Ponge. J'avais à nouveau des textes sacrés.

[174]

Il y avait tant à apprendre pour le sauvage que j'étais. Goethe, Dostoievski, Balzac, Hugo, Zola, Flaubert et Tolstoi secouaient mes frontières. Hesse et Hamsun, Malaparte, Gide, Mauriac, Voltaire et Steinbeck décrivaient un monde où l'homme imposait sa loi. Celles qui refusaient les règles étaient broyées impitoyablement comme *Thérèse Desqueyroux*[29]. Ce ne fut pas non plus en me noyant dans Miller, Kérouac, Cendrars et Durell que j'explorai la face cachée de l'humanité. J'avais lu Jean Rivard et connu Euchariste Moisan, côtoyé Menaud, Félix Leclerc et Robert de Roquebrune mais la littérature ne pouvait être que française ou américaine. J'en étais convaincu. J'y découvris Gérard Bessette, André Langevin, Françoise Loranger, Paul-Marie Lapointe, Gilbert Langevin et surtout Paul Chamberland. Je n'ai pas lu Simone de Beauvoir à l'époque, ni Colette, ni Georges Sand. Ce n'était pas la vraie littérature. La réflexion et la pensée étaient du côté des hommes.

La société patriarcale germait dans toutes les phrases. Mes passions pour Hegel, Kierkegaard, Husserl et Marcuse n'égratignèrent pas le mur de la petite école. John Stuart Mill n'était pas un auteur recommandé alors et, pour tout dire, il était parfaitement ignoré. Je vivais sur la terre des hommes. La civilisation était immuable dans ses idées et ses vérités même si nous nous posions toutes les questions.

Un peu plus tard, il y eut les exploiteurs et les exploités quand Marx et Engels croisèrent ma route. Je basculai du côté des contestataires qui voulaient inventer le prolétariat. Je n'ai eu aucun effort à faire. Nous avions été éduqués dans la famille à la méfiance et à la critique de la raison pure.

Les grands débats de société, marqués par le nationalisme, me passionnaient. Je renonçais à mon corps, ligotais mes élans, m'égarais au milieu de mes phrases. J'écrivais et rien ne m'attachait. J'étais devenu un errant malgré mes efforts de résurrection lorsque l'été arrivait. Je rentrais avec le mois de juin dans les forêts qui menaient à Chibougamau. Je prouvais à mes frères et à mon père surtout que je pouvais tenir tête aux épinettes et aux sapins. Je me livrais aux excès qui vous laissent les jambes flageolantes et le cœur à l'étroit dans la poitrine. Les mots de l'université avaient du mal à me suivre dans ces camps attaqués par des hordes de maringouins. Qui étais-je? Le lecteur solitaire qui s'extasiait devant Jean Giono et Henri Bosco ou le bûcheron qui ravageait des bataillons d'épinettes, le poète qui affûtait ses images avec patience ou l'homme qui blasphémait, aveuglé de rage?

Les films de Pierre Perreault, à la même époque, furent une révélation. J'y retrouvais mon père et mes grands-parents, des oncles et des frères. Le cinéaste jetait un pont entre le présent et le passé. Je reconnaissais les gestes de mon enfance, des expressions et des entêtements. Une île, au milieu du grand fleuve, nouait le passé et l'avenir. Je pouvais être ce fils prodigue qui rentrait à la maison. Sans Perreault, je n'aurais jamais écrit *La mort d'Alexandre*[16] ni *Le Violoneux*[15]. Un peu plus tard, son regard sur l'Abitibi me bouleversa. Mon enfance dérivait vers un avenir incroyablement flou. Devrais-je transporter ma grande maison de ferme sur mes épaules, comme un Sisyphe de la modernité, ou être un citadin sans mémoire, privé d'espace et de géographie?

À l'université, la pensée, la critique et la réflexion étaient un art de vivre. Je trébuchais sur des auteurs qui me bouleversaient. Tout était possible. Nous avions l'aspect d'un travailleur de la construction pour échafauder notre vision du monde. Les filles empruntaient nos grosses bottes, retrouvaient les jupes longues en se faisant des tresses. Elles buvaient à même le goulot d'une grosse bière, se roulaient une cigarette en soutenant mon regard. Le monde était servi nature et nous rêvions de l'Éden. Nous avions surtout besoin d'une quantité impressionnante de bières pour rêver d'indépendance et de voyages, de littérature et de politique. Travailleurs, ouvriers, écrivains, cinéastes et comédiens se retrouvaient autour de la même table pour célébrer la nouvelle année. Nous avions du mal à accepter d'être simplement des intellectuels. Un sentiment de culpabilité faisait que nous tournions autour de ceux qui avaient dédaigné les livres. J'étais un bûcheron qui écrivait et non l'inverse. Je voulais être partout, déchiré entre ce monde qui basculait dans l'avenir et l'autre qui s'accrochait au passé. Je retrouvais mes assurances à chaque retour au village et mes hésitations en rentrant à l'université. Longtemps j'ai hésité à choisir.

L'HOMME DE
PAPIER

J'ai lu des centaines d'écrivains d'ici et d'ailleurs. Le voyage dure depuis vingt-cinq ans et il a laissé des traces. Est-il possible de cerner le visage de cet homme de papier, d'en dégager un profil après des milliers de volumes? Ces lectures m'auront permis de croiser des intellectuels, des paumés, des extravagants, des obsédés et des désemparés. De Jules-Paul Tardivel à Hélène Le Beau, des centaines de personnages ont défilé. Qui sont ces hommes et ces femmes?

J'ai découvert les livres en même temps que la télévision. Mes premiers héros d'ici furent Guillaume Plouffe, Alexis Labranche et le Survenant. Ils côtoyaient Séraphin Poudrier le détestable, Beau Blanc le sympathique ou Ovide Plouffe, l'homme instruit qui faisait l'objet de plaisanteries. La famille suivait leurs grandes et petites aventures avec passion et fidélité, d'abord à la radio et à la télévision par la suite. Tous des héros rescapés du monde du roman. Je ne le savais pas à l'époque.

J'avais quatorze ans peut-être quand j'ai découvert Félix-Antoine Savard, Ringuet et surtout Félix Leclerc. Je retrouvais des parents, des gens du village, cet oncle plus menteur que le plus grand des menteurs et qui prétendait avoir connu l'univers après avoir voyagé jusqu'à Montréal.

Les femmes y décidaient peu de choses. Le plus souvent, elles étaient les victimes de ce compagnon qui cherchait à voir au-delà de sa vie et de ses horizons. La survivance française en Amérique évoluera, avec les soubresauts que connaîtra le Québec, à partir de la

Deuxième Guerre mondiale mais cette question ontologique déjoue les époques et obsède l'homme de papier.

Du Survenant à Joseph le simple soldat, de Marcel Dubé, de Jean Lévesque à Ovila Pronovost, de Eutrope Gagnon à Michel Paradis, tout un Québec se profile. Entre Jean Rivard et Gilles Deschênes, il y a eu une révolution et un nombre plus impressionnant de récessions. Les générations se sont bousculées et les occupations ont connu des métamorphoses. Euchariste Moisan et Xavier Galarneau sont des frères mais leur monde a connu bien des mutations. Pourtant, il y a un fil entre ces hommes, un questionnement qui fait que l'univers de l'un est aussi celui de l'autre.

Maria Chapdelaine[30], *Jean Rivard*[31], *Un homme et son péché*[32], *Menaud maître-draveur*[33], *Trente arpents*[34], *Le Survenant*[35], et *Bonheur d'occasion*[36] sont tous balayés par cette question de la continuité et de l'ancrage. Nous touchons la grande obsession de l'homme québécois. Tous cherchent, après avoir pris possession d'un lieu, à assurer leur descendance, à tisser un lien entre le passé et le présent pour que l'avenir advienne. Une question de temps et d'espace tout à fait particulière aux habitants de la Grande réserve. Trois profils de mâle se dégagent si l'on passe d'un livre à l'autre. Le *Fuyant*, l'*Instable* et l'*Effacé* parcourent les œuvres les plus importantes de notre littérature.

Le *Fuyant* est souvent le héros le plus populaire de notre monde romanesque. C'est l'étoile filante, l'éphémère et l'homme inaccessible. Je l'ai suivi dans nombre de romans d'ici et d'ailleurs. Il s'installe dans toutes les littératures du monde, que ce soit dans *Vagabonds*[37] de Knut Hamsun ou dans les romans de Jorge Amado. Beau, séduisant et ténébreux, il refuse l'ancrage et les responsabilités, s'élance derrière son destin et se nourrit de fantasmes et d'espaces. Sa prestance et ses mots font tourner les têtes et battre les cœurs. François Paradis, le Survenant et Alexis Labranche sont les plus connus de nos aventuriers. Ils refusent le monde connu, les limites de la paroisse et les gestes du quotidien, ont vu des mondes lointains et en sont revenus changés. Ils regardent le présent dans les yeux et repoussent le passé d'un grand rire ou d'un haussement d'épaules. Allergiques aux carcans et aux tâches répétitives, ils cherchent à voir au-delà des horizons, fuient le piège de l'amour et de la famille. Leur passage dans la paroisse reste fulgurant et trouble autant les hommes que les femmes. Impulsifs, imaginatifs, ils jouent avec les mots, les images et les rêves, secouent la grisaille du quotidien et amènent la couleur dans un monde terne, la chaleur dans un univers froid, l'irrationnel dans un monde de recommencements têtus. Ce fugitif s'installe dans le cœur et le corps des femmes qui éprouvent des émois peu avouables en leur présence.

Ils fascinent et menacent un monde où le père et le fils se confondent dans leurs occupations et leur sexualité. Ils savent des mots qu'ils refusent de prononcer, des rêves qu'ils ne partageront jamais. Les femmes sont très attirées par ces grands ténébreux chargés de mystères. Ils migreront jusqu'au Colorado, changeront de noms, s'enrôleront avec Joseph de *Un simple soldat* [38] et reviendront plus menteurs et dérangeants que jamais. À la limite, ils seront des renégats qui refusent les gestes du père, des contaminés qu'il faut isoler. C'est ce que fera Édouard pour protéger le milieu des idées pernicieuses de son fils. Joseph menace l'ordre des choses dans *Un simple soldat.* Je le retrouvais, cet homme filant, chez Henry Miller, dans le Dean Moriarty de Jack Kérouac, Blaise Cendrars et même chez Laurence Durell mais dans un discours différent et avec d'autres obsessions.

S'ils formulent mal ce qu'ils désirent, ils savent ce qu'ils ne veulent pas, ces rebelles et ces instables. Ils misent sur l'instinct, le moment présent et basculent dans les pires excès. Forces de la nature, ils sont des têtus qui paraissent plus grands, plus forts, plus beaux que leurs frères ou leur père. Ils sont les chantres de la pulsion, du plaisir qui se bute au devoir et à la soumission. Plus souvent qu'autrement, ils gagneront les États-Unis pour en revenir chargés d'aventures et de savoirs pernicieux. Ils ont sauté les horizons et vu des paysages qui blessent les yeux, ils sont les bardes de l'avoir et du mal terrestre jusqu'à un certain point. «Le never mind» du Survenant indique qu'il a traversé le monde anglophone avec Joseph qui se pavane en parlant anglais même s'il a été oublié par la guerre. Loronzo Surprenant agite ces miroirs devant Maria qui baisse la tête et ferme les yeux. Elle a peut-être commis, en l'écoutant, une faute qu'elle devra avouer au confessionnal. Tous sont mouvance, espace devant une femme qui est sédentarité et enfermement. Les deux s'attirent comme des planètes et se repoussent aussi. Ils provoquent un questionnement. Plus simplement, ils font s'opposer l'amour et le devoir, l'individualité et le collectif.

François Paradis tient d'une autre époque. Il cherche de nouveaux territoires, le mirage des commencements et de la vie sauvage. Ce n'est pas un surplus de civilisation qu'il convoite, comme la plupart des fuyants, mais un monde intact et sauvage. Il prolonge le rêve des premiers arrivants en cette terre d'Amérique, qui ont choisi la vie sans attache des coureurs de bois. C'est le monde qui m'a tant fasciné dans *Les engagés du grand portage* [39]. Ovila Pronovost est de cette lignée. Allergique au travail de la terre ou de l'usine, il ne lui reste que la forêt et le Nord pour tenter de trouver des frontières à ses fuites. Le rêve américain aurait été la pire des prisons pour lui. Il se réfugie dans ce nouveau paradis qu'est l'Abitibi. L'utopie y est plus vivante que jamais. Il y a de l'explorateur en lui, du coureur des bois qui ne peut s'accommoder des espaces cernés par les clôtures et les routes de rangs. Il ne peut non plus se laisser attacher par l'amour et la passion. Il trouvera toujours le moyen de fuir, d'aller au-delà des horizons.

Est-ce folie de vouloir les domestiquer? C'est là le fil du roman de Germaine Guèvremont. Que serait devenu le Survenant s'il avait épousé Angelina Desmarais? François Paradis aurait-il renoncé à ses forêts, pour s'enrôler aux côtés de Samuel Chapdelaine, s'il était revenu porté par les rivières grosses du printemps? Ils auraient été un Ovila Pronovost pour le plus grand malheur de Maria et d'Angelina.

J'ai flirté avec ce type d'homme dans *Le Violoneux* [15] et *La mort d'Alexandre* [16]. Philippe Laforge s'arrache à la neige et au plus profond de l'hiver pour s'installer au village. Il secoue des mystères et des rêves. Sa musique fait battre les cœurs. L'hiver est refoulé alors et arrive un printemps en plein cœur de janvier. Anita, la voisine, deviendra sa femme mais ne découvrira jamais les secrets qu'il cultive dans le hangar et l'étable. Elle ne pourra qu'être spectatrice de la vie de son mari.

Émile Parent sera l'envers de Philippe Laforge en s'évadant de la paroisse dès qu'il peut fuir la famille. Il s'éloigne surtout d'Évelyne qui l'étouffait dans l'éternel recommencement de ses récriminations. Il restera à l'écart des femmes malgré certains coups au cœur. Le visage de sa mère sans doute colle à toutes celles qu'il rencontre dans ses échappées. Il fuit encore, comme il l'a toujours fait, après une étreinte furtive avec Marie l'Indienne ou une virée épique avec Rita. Il a vu la guerre aussi et il en est revenu changé. Il ne veut plus vivre le quotidien du père et s'enfoncera toujours plus loin dans la forêt, en Abitibi comme Ovila. Il traque un rêve, cherche un espace digne de sa démesure, joue sa vie à chaque fois, se régénère dans les pires excès. Il sera surtout marqué par un destin qu'il a rejeté au sortir de l'enfance. Émile sait, malgré ses jurons et ses fanfaronnades, sa parole qui fascine ses compagnons, qu'il ne pourra jamais échapper à la blessure qu'il porte en lui.

Frère des survenants, à la fois migrant et sédentaire, on rencontre l'*Instable*. L'homme est incapable de se résigner à la vie du coureur des bois et ne supporte pas plus le travail routinier des vieilles paroisses. Il tentera l'impossible en cherchant à concilier deux destins. Il part à la recherche d'un grand rêve et se fait fondateur de paroisses, migrant qui entraîne femme et enfants dans ses fuites au cœur de la forêt qu'il attaque avec l'énergie du désespoir. Une nouvelle paroisse, une nouvelle terre où tout sera différent, promet-il à chaque fois. C'est l'obsession d'Ovide, dans *Les Oiseaux de glace*[10].

Mon père était de la race même de Samuel Chapdelaine qui se fatiguait du monde connu. Il a rêvé d'une nouvelle paroisse, au nord du Lac-Saint-Jean, coincée entre un lac profond et la rivière Ashuapmushuan. Il y a implanté sa famille pendant une décennie, y a caressé un rêve, avec quelques compagnons, jusqu'à ce qu'un grand feu le ramène à ce village qu'il supportait plutôt mal que bien. Il avait défriché une terre de sable où ne poussaient que des bleuets. Son rêve a été abandonné et il nous est resté un paradis d'été. J'y ai passé les plus beaux jours de mon enfance, dans une forêt qui cicatrisait ses blessures. Un pays mystérieux et fascinant. Ma mère et mon père en parlaient avec des mots que j'ai installés au cœur de mes *Oiseaux de glace*. Ma mère se rappelait de sa terrible solitude, du froid et de la neige qui figeaient tout pendant des semaines, des expéditions de mon frère aîné avec son chien. Il descendait au magasin général, dans la paroisse voisine, pour ramener de la nourriture. Les mois de chantier de mon père duraient une éternité.

Nous avions tous les horizons, un lac immense, dont nul ne savait la profondeur. J'aimais surtout me rendre à la rivière et y regarder flotter la pitoune. C'était encore l'époque de la drave et des hommes qui couraient sur les eaux pour se moquer de la mort. J'ai appris là l'odeur du thé des bois, j'ai connu là les frissons en épiant un ours dans les talles d'aulnes et à lire les signes de la forêt comme on le fait d'un livre. Parfois, par un beau soir de lune, je pouvais surprendre la grande ombre mouvante d'un orignal sur la route de sable, juste devant le camp de bois rond. Il allait, emporté par les souffles de la terre encore tiède et les filets de brume. Comment oublier un loup-cervier qui surgit au détour d'une sentier et qui n'a plus que des yeux jaunes, les jeux des lièvres à la brunante et les apparitions guindées d'une perdrix suivie de sa famille?

L'*Instable* oublie la misère autour de lui et garde les yeux sur une nouvelle paroisse qu'il ne pourra que détester. Il fera reculer la forêt, la domptera la hache à la main, participera à la guerre d'occupation. Il est l'homme des frontières qui cherche désespérément à laisser sa marque et à donner son nom à un lieu. Il parlera avec Edwige Légaré qui bondit sur les souches comme si c'était une armée qu'il faut culbuter. Il assouvira son envie des grands départs en s'enfonçant dans le plus profond de l'hiver pour se mesurer au froid, aux épinettes et aux sapins. Ce voyageur mal apprivoisé oscillera toute sa vie entre la stabilité et l'instabilité, les départs et l'ancrage. Il garde en lui un zeste d'aventurier, un côté sauvage, un rêve qui fait que le monde recommence sans fin. C'est l'univers de *Menaud maître-draveur*[33] qui se grisait de la symphonie des neiges et des haches avant de rentrer en marchant sur les eaux quand venait le printemps. Le héros de Félix-Antoine Savard rêve d'enracinement mais la menace s'est faufilée dans les forêts, le lieu de l'aventure et du ressourcement. La terre de liberté et d'affirmation a été spoliée par l'étranger. Plus tragique encore, l'héritier a été avalé par la sauvagerie des rivières. Avec Samuel Chapdelaine, Menaud doit concilier son rêve de paroisse et son désir de liberté et d'espaces. Ces deux désirs se heurtent et se changent en étau qui broie la femme. Laura sera sacrifiée aux lubies de Samuel et Maria acceptera de s'immoler aux côtés d'un Eutrope Gagnon qui s'effritera dans une paroisse, perdant peu à peu sa sauvagerie revivifiante.

Il n'a presque plus de visage, semble un corps, des gestes qui le vissent au sol, le vident de ses sueurs et de ses jurons. Son obstination des travaux mille fois répétés réussiront à lui donner une certaine aisance matérielle. L'*Effacé*, dont Laura rêvait à travers Samuel, celui que l'on épouse un peu par dépit, le comptable des saisons et des travaux domestiques, sera presque toujours le compagnon. L'idéal de ce type d'homme sera Jean Rivard de Antoine Gérin-Lajoie, ou encore Euchariste Moisan de Ringuet. Par un travail ingrat, par sa fidélité à un lieu, à une paroisse, Jean Rivard se libère et gagne le statut de notable. Il sait concilier tous les hommes en lui. C'est le travail obsédant aussi, maniaque et acharné d'un Séraphin Poudrier qui, par les privations, deviendra celui que l'on craint et respecte. Ces obstinés de la quotidienneté sont souvent des perdants et ils seront usés par les gestes répétitifs. Séraphin sera cassé dans l'incendie de sa maison et Euchariste Moisan, l'heureux têtu qui a passé sa vie sur ses trente arpents de terre, mourra en exil devant un fils déserteur. Ils sont à peu près toujours victimes du destin et de la fatalité. L'*Effacé* est aux prises avec un héritage qu'il n'arrive pas à transmettre. Il a le visage de Didace Beauchemin, filouté dans sa virilité par Amable. Il sera Xavier Galarneau qui répudie Miville, Menaud brisé par la mort de Joson. Comme si l'enracinement éclaircissait le sang, rongeait la virilité qui ne peut plus se transmettre dans un fils digne de l'ancêtre. Il faudrait donc un Survenant pour enrichir la race et la régénérer dans une descendance vigoureuse.

Didace tente l'impossible en voulant faire du Survenant le fils rêvé. Il ira jusqu'à rompre la filialité et les lois sacrées du sang pour domestiquer cet étranger qui insufflera l'énergie nouvelle dans les maillons de la collectivité. Menaud voit sa lignée interrompue et son espoir d'avenir battre de l'aile. Xavier Galarneau commettra l'irréparable dans sa tentative de préserver l'héritage. Une obsession qui le mènera au suicide. L'inceste est la plus terrible des ruptures dans ce monde où le legs importe plus que la vie individuelle. Euchariste Moisan n'a plus qu'à se résigner et voir son rêve mourir avec lui. Le fils, lui aussi, l'a trahi avec Joseph le soldat qui a renié Édouard. Pire encore, Euchariste mourra loin de la terre sacrée, témoin impuissant de l'échec du pays d'en bas. Jack Kérouac donnera la parole à ce fils de migrant, quelques années plus tard, dans l'autre langue, celle des étrangers qui font frémir Menaud.

Dans *Menaud maître-draveur* [33], *Maria Chapdelaine* [30] et *Le Survenant* [35], c'est la fille qui hérite par défaut. Elle sera celle par qui le fil historique se maintient. Marie, Maria et Marie-Didace, les trois sœurs, se partagent un fardeau qui a glissé des épaules des hommes. Elles assument la continuité même si elles sont déshéritées, même si elles abandonnent leur nom quand elles forgent l'avenir dans leur corps. Les femmes, assumant le rêve de l'homme, renient leur identité pour n'être qu'un visage anonyme que l'Histoire ne retient pas.

Ce questionnement hante autant le *Fuyant*, l'*Instable* que l'*Effacé* et orientera tous les gestes. Le héros est écartelé entre l'individualité et la collectivité, entre le je caractérisé et le nous de la paroisse. Le je de François Paradis et du Survenant ou le nous d'Euchariste Moisan et d'Eutrope Gagnon? Un individu et une collectivité se heurtent aussi dans Édouard Mallarmé, ce survenant des temps modernes mis en scène par Louis Hamelin, cet homme des frontières qu'il demeure même si tout a été exploré et clôturé. Il a hérité de la rage qui s'est imposée dans l'univers romanesque, surtout à partir des années 70, et qui a eu Menaud comme grand-père. Les rôdeurs de Menaud ont gagné tout l'espace à Mirabel. Le rêve de Samuel Chapdelaine et d'Euchariste Moisan a été exproprié. Mallarmé, dans *La Rage*[40], ne parcourra les terres qu'en étranger que l'on chasse avec des chiens. Gilles Deschênes sera ballotté entre deux mondes qui se heurtent et se défont. Il en réchappera grâce à Brigitte, Judith et Salomé dans *Cowboy*[41]. Les femmes, hier comme aujourd'hui, assurent le présent qui contient l'avenir.

L'homme, qu'il soit un sédentaire ou un fondateur de paroisse, un errant ou un instable, n'arrive qu'à décevoir sa compagne dans l'univers de papier. L'associé à qui elle a uni sa destinée finira souvent par être une menace pour sa vie. Elle est pourtant le chaînon qui fait que l'avenir est palpable, celle qui se sacrifie en écoutant les voix. Laura sera usée par le rêve de Samuel Chapdelaine, Donalda Laloge ligotera son corps et son amour pour sauver son père de la honte. Maria étouffera le rêve que la mort lui a ravi et acceptera un voisin terne qu'elle n'aime pas. Florentine choisira Emmanuel après quelques minutes d'amour avec Jean Lévesque qui seront une blessure qu'elle mettra toute une vie à cicatriser. Elle a vu Rose-Anna, sa mère, se changer en une pâte à modeler des enfants et le même destin la frappe au corps. Émilie sera aussi sacrifiée par l'instabilité d'Ovila et les promesses jamais tenues. Les femmes de papier sont usées par l'abus de leurs fonctions biologiques, défaites et jetées hors de soi par la fatalité des corps et la mission des hommes. Elles mourront pour que le territoire soit préservé et que le pays existe. Elles le tapissent de leurs corps, de leur jeunesse et de leurs rêves. Pendant ce temps, les hommes, un œil sur l'horizon, sombrent dans leurs jongleries et leurs folies. Nicole Houde montrera particulièrement bien l'ampleur du drame qui frappe ces femmes enfermées dans «le remous» de la collectivité.

Celui que l'on épouse, souvent par second choix, les Eutrope Gagnon ou les Amable Beauchemin, seront des patriarches obsédés, durs, parfois un peu fêlés du chaudron comme Xavier ou Menaud. Ils sont capables des pires violences, des pires colères et, souvent, seront une menace pour les femmes et les enfants. Ils inventeront les pires hérésies dans leurs jongleries et, dans aucun cas, ne sauront tenir leurs promesses et caresser leurs rêves. Samuel, par ses éternelles fuites, sombre dans la pauvreté et la misère.

Laura meurt d'une maladie mystérieuse ou de ces éternels recommencements qui sont autant d'accouchements qui usent le corps et pompent toutes les énergies. Le travail et l'ennui ont grugé chaque jour et chaque nuit de cette femme qui rêvait d'une vieille paroisse. Maria sait. Il faudra les voix qui ont été entendues par Menaud ou un Didace Beauchemin, ces voix que Xavier Galarneau cherche dans la Bible, pour se résigner et s'immoler. La femme sait. Sa vie sera celle de sa mère. Azarius et ses compagnons ne savent qu'inventer la misère dans *Bonheur d'occasion*[36]. La sexualité et l'amour dans cet univers sont les pires menaces. Azarius aura à mourir, d'une façon symbolique sinon physique, pour arriver à être le compagnon qui tient ses promesses. Alors seulement, il répond aux attentes de cette compagne qu'il ne peut approcher sans provoquer la catastrophe biologique. Mort et résurrection d'Azarius, d'Emmanuel qui libère Florentine, de Xavier quand il apprend sa paternité incestueuse. Gabrielle Roy a su montrer, dans *Bonheur d'occasion*[36], cette fertilité obsédante qui frappe Florentine après un seul moment de faiblesse. Une fatalité qui écrase Miriam après l'égarement de Xavier. Chaque geste, chaque rêve, chaque consentement de la femme devant l'homme, se change en fléau qui l'arrache à sa vie, la marque au corps et à l'esprit. La sexualité, dans les romans de Gabrielle Roy, de Louis Hémon et dans les premiers romans de Marie-Claire Blais, est l'expression de la pauvreté et de la misère. Il y a chez Gabrielle Roy l'amorce d'une pensée féministe même si les grandes marées ne viendront que vingt ans plus tard. Florentine dit non au sort de sa mère et la guerre, la pire des folies de mort organisées par les hommes, permettra sa libération. L'homme, en partant pour confronter son pouvoir de mort avec d'autres hommes, permet à Florentine de retrouver une autonomie qu'elle n'aurait pas autrement. C'est le début des temps modernes, la vie des femmes en marge des compagnons.

Azarius aurait pu être le frère d'Ovila Pronovost, le fils de Samuel Chapdelaine, l'oncle de Didace Beauchemin ou encore le grand-père de Florent Boissonneault et d'Édouard Mallarmé. Tous pratiquent l'art de rêver et d'échouer dans leur vision du monde. Les hommes de papier trouvent difficilement un équilibre entre leurs activités et leurs préoccupations ontologiques. Ils sont le maillon qui rompt, la fissure existentielle que la femme devra colmater avec son corps. Didace Beauchemin, Samuel Bédard, Euchariste Moisan, Alexis Labranche et François Paradis sont de la même famille qu'Édouard Malarmé, Gilles Deschênes ou Michel Paradis. Ce sont les grands-pères de tous les mâles de Michel Tremblay, les cousins des déserteurs d'André Major, de Joseph de *La guerre Yes Sir* [42] qui se mutile plutôt que de partir aux côtés d'Azarius Lacasse ou du Joseph de Marcel Dubé. Le mâle fuyant, instable, croix et châtiment de l'épouse, a été rappelé et remis en scène des dizaines de fois dans notre littérature. Il a atteint sans doute des sommets dans le personnage d'Ovila Pronovost des *Filles de Caleb* [43] qui n'arrive jamais à se montrer digne de l'amour d'Émilie et de la passion.

Les femmes, désormais, refusent le sacrifice de Laura, de Rose-Anna et de Laetitia, d'Élise ou d'Albertine. Florentine a montré la voie. Il n'est plus possible, père et mari se faisant complices comme dans *La maison du Remous*[(44)] de Nicole Houde, de rattraper Laetitia dans la forêt de Menaud, de François Paradis et d'Ovila Pronovost. Dans la littérature contemporaine, les femmes ont appris à se protéger de la sexualité destructrice. Elles sont passées de l'effacement et de l'acceptation, à l'affirmation et à l'autonomie. Fatima Gagné et Albanie ont peu à voir avec Maria Chapdelaine même si elles ont eu les mêmes pères. Les femmes de papier disent non à la fatalité comme l'ont fait leurs sœurs dans la vraie vie. Elles explorent leur univers depuis la Révolution tranquille. *Maryse*[(45)] sait se défaire de l'emprise de Michel Paradis, retrouver son intégrité et sa sexualité. Christiane, dans *Les Olives noires*[(46)], s'arrache au cercle étouffant de Pierre et choisit la liberté et la solitude en prenant l'avion pour rentrer dans un Québec en ébullition. Le retour vers soi et le retour vers le pays, dans le roman de Danielle Dubé, se confondent. Pierre pourra errer en Europe, à la recherche d'une identité fuyante et insaisissable. Florentine a montré la voie. Miriam n'a d'autre choix que de s'exiler à Montréal face à un père agresseur. Cette rupture des femmes marque la libération et l'affirmation. Marion échappe aux encerclements de Charles dans *Amande et melon*[(47)] de Madeleine Monette. Fatima Gagné et Albanie n'auront pas d'autres recours. Les femmes n'acceptent plus la désintégration dans la littérature contemporaine. Elles refusent de porter l'échec de l'homme. Francine Noël, Madeleine Monette, Pauline Harvey, Danielle Dubé, Francine D'Amour, Nicole Houde, Suzanne Jacob et

Élise Turcotte font parler ces silencieuses qui préfèrent la solitude à la crucifixion biologique.

La Révolution tranquille et la libération des femmes n'auront guère civilisé l'homme. Il garde en lui cette propension à la fuite et à l'irresponsabilité. Michel Paradis, l'amoureux de Maryse, s'acharne à reconstruire le monde, échafaude des théories mais oublie celle qui partage sa vie. Il agit comme ses frères même s'il n'est plus le continuateur du monde. Il a les réflexes d'un Samuel Chapdelaine. Sa forêt est un monde théorique et sa terre, il la défriche dans les livres et les idées. Il réussira, lui aussi, à vivre à côté de son rêve. Le privé et le collectif, encore une fois, se heurtent et ne peuvent se concilier. Maryse repousse le sacrifice. Les femmes n'écoutent plus les voix de Maria, les voix qui murmurent du fond des âges et qui ne peuvent être que masculines.

La fatalité biologique écartée, Maryse peut éloigner Michel. Le corps n'est plus ce piège qui les soude à l'homme. Les femmes entreprennent alors de se donner une identité et un profil. Elles ne seront d'abord que des prénoms : Florentine, Maryse, Miriam, Laetitia ou Albanie. Francine Noël marque bien la démarche en imposant, dans son dernier roman, Fatima Gagné, une femme qui tient autant à son nom qu'à son prénom. L'homme est refoulé à la frontière, se changeant en simple visiteur dans *Le bruit des choses vivantes*[48] d'Elise Turcotte ou chez Madeleine Monette.

Pendant ce temps, le mal qui hantait Didace Beauchemin ou Menaud reste entier. Les hommes cherchent désespérément à s'inscrire dans la durée par des gestes, une œuvre ou une action qui échappent à la quotidienneté. Ils basculent dans un rêve d'écriture avec Abel Beauchemin, ou dérivent sur tout le pays avec Paul Villeneuve. Ils sont happés par leur obsession de l'espace, de l'alcool et cette sexualité qu'ils pratiquent en prédateurs. Le mâle libéré s'éclate et son affirmation passe encore par le corps de toutes les femmes. Jean Lévesque s'arrache à la misère de Saint-Henri, s'élève en possédant Florentine et en la rejetant. Elle est, dans son corps, celle qui l'aurait attaché à la misère familiale. Florentine lui sert dans une certaine mesure de tremplin.

Chez Paul Villeneuve, les femmes perdent leurs visages et ne sont que des corps qui défilent. La contraception leur permet tous les instincts du corps. Ils n'en seront que plus volatils, les prédateurs du désir, plus instables et dangereux. Toujours en rut et en chasse, ils sillonnent le pays à une vitesse folle, s'arrêtent le temps d'une bouteille pour repartir, insouciant de toute responsabilité. La liberté se trouve dans la fuite et le pays, dans le cri de mort et de vie de l'acte sexuel. Une errance destructrice et suicidaire.

Les femmes forgent l'identité dans le territoire de leur corps et empêchent les hommes de basculer dans la folie de leurs gestes. Ils sont des paumés, des itinérants de la culture et des clochards qui s'accrochent à des bouts de phrases. Ils sombrent facilement dans la folie avec Abel Beauchemin ou *Steven Le Hérault*[49]. Les femmes s'affirment quand les hommes se détruisent. Abandonnés à eux-mêmes, ils sombrent dans la parole répétitive ou s'évanouissent dans l'espace.

Dans la rue voisine, Florent Boissonneault cherche la formule de la réussite dans le troc des antiquités et la restauration. Il abusera du rêve et de la parole, entraînant Élise dans son sillage. La gare où ils s'installent est le carrefour de leurs destins. Élise est la sœur aînée de Maryse ou la fille de Florentine. L'homme n'arrive pas à être le compagnon, le partenaire qui s'installe dans la vie réelle et qui partage avec la femme aimée. Il reste un déviant qui fait basculer le monde.

L'homme de papier a cru échapper à son destin et à ce nous historique, au début des années d'affirmation, en se livrant à une véritable orgie de mots et de phrases. Enfin il peut s'enivrer à toutes les sources sans éprouver de remords, échapper au carcan social et explorer la folie de Menaud. Il sait profiter de la libération sexuelle des femmes en restant plus que jamais évanescent, ivre de ses pas et de ses nouvelles audaces. Victor-Lévy Beaulieu poussa loin cette quête dans *Don Quichotte de la démanche*[50] et, particulièrement, dans *O Miami Miami Miami*[51]. L'expression se transforme en immolation dans *Steven Le Hérault*[49]. Le texte sacré, l'espace du mot sera la croix blanche de l'œuvre. Les années de découvertes seront souvent suicidaires et le rêve, encore une fois, meurtrier. Les hommes, aujourd'hui comme hier, ne sont capables que d'inventer la mort...

L'époque contemporaine est marquée par la folie de l'homme de papier. Incontournable jusqu'au début des années 1970, il est maintenant refoulé à la périphérie par une Fatima Gagné, une Anaïs No ou une Albanie. Elles savent. Ouvrir la porte à l'amant, c'est permettre le pillage et le saccage de son identité. L'appartement devient le lieu physique et symbolique de ce moi que la femme protège. L'espace, en amour et dans les gestes de la tendresse, est menacé. Beaucoup de romancières ont créé des personnages de femmes qui ont appris à vivre parmi les hommes tout en les gardant à distance.

La fidélité corporelle est chose du passé. Les femmes ont gagné une autonomie corporelle qu'elles n'avaient pas chez Guèvremont ou chez Gabrielle Roy. En s'appropriant la littérature, avec leurs sœurs de la Révolution tranquille, elles ont revendiqué l'indépendance et l'autonomie. L'homme est le visiteur d'un soir, le père touriste de Maria, dans *Le bruit des choses vivantes* [48], ou Charles, dans *Amandes et melon* [47]. Ils passent mais ne s'installent plus. Ils ont perdu leur droit de propriétaire et ne pourront plus jamais se transformer en Azarius. Les fous de liberté et d'excès des années 70 sont, vingt ans plus tard, des minables. Les enfants de Réjean Ducharme ont très mal vieilli. Dans *Dévadé* [52], Bottom végète et parasite quelques femmes. Sa sexualité lui permet de profiter de ses compagnes. Il aime Juba mais s'éparpille comme s'il n'était plus maître de son corps et de ses pulsions. Il est miné par la drogue et l'alcool. Il est un halluciné qui n'arrive pas à rester en contact avec le sol. Si Mille Milles et Bérénice refusaient de sombrer dans le monde des adultes, Ducharme leur donne raison dans ce roman. Être adulte, c'est moisir dans sa tête et son corps.

Robert Lalonde, Christian Mistral, Louis Hamelin et Pierre Gobeil sont en filiation directe avec Victor-Lévy Beaulieu, Paul Villeneuve, Gérard Bessette, Gilles Archambault, Germaine Guèvremont, Gabrielle Roy et Louis Hémon. Christian Mistral a retrouvé le *fuyant* de Paul Villeneuve, fréquenté Abel Beauchemin, le cousin Jack Kérouac et Henry Miller. Mistral esquissera la version moderne du Survenant ou d'un Alexis Labranche. Son héros, ce je domestiqué, se complaît dans des petits excès quotidiens. Il est routinier, répétitif, fidèle à certains lieux et certains rituels. Son refus a les mêmes gestes et les mêmes mots mais il a perdu l'espace du continent ou de ce pays qu'est le Québec. Le Christian de *Vamp* [53] n'a rien à voir avec le grand Jack qui cherchait la vie dans le faire, la pulsion et la route. Bouger, c'est vivre, partir c'est créer. Rien non plus à voir avec les errants d'un Paul Auster. Les héros de Auster glissent hors de soi et échappent au je. C'est cette fuite qui provoque l'errance. Les héros sont des bougeants parce qu'ils sont autres par *la musique du hasard* [54]. Si le grand Jack ivrogne, brisé émotivement, idole d'une génération d'hommes, rentrait après avoir vidé toutes les bouteilles se faire dorloter par sa mère, le vagabond de Mistral n'a plus ce refuge. Sa famille s'est désintégrée et il ne pourra plus jamais être un petit garçon repentant.

Les grands ténébreux sont passés par l'école avec la Révolution tranquille et c'est dans la culture qu'ils trouveront le lieu de leur errance et de leur liberté. Les femmes restent castratrices chez le Hamelin des *Spectres agités* [55], des muses chez Victor-Lévy Beaulieu, des êtres de ressourcement chez André Major (la mère de Kérouac?) ou pays et espace chez Paul Villeneuve. Les femmes, dans les autres romans de Louis Hamelin, sont le possible et permettent une forme de résurrection. Elles sont l'initiatrice, la guide qui permet à l'homme de s'infiltrer dans un milieu souvent hostile et de le transcender. Il ne saurait y avoir de stabilité ni de durée. Le contact est violent, souvent sauvage. Il blesse, marque et laisse un goût amer dans la bouche. Propriété violée, expropriée, terre et femme se confondent dans *La Rage*[40] comme chez Villeneuve. Christine se défendra avec Maryse, avec Christiane, avec Laetitia qui a su éloigner William en habitant sa folie dans *La maison du Remous*[44]. Elles refusent d'être la synthèse de l'homme, savent rester en possession de leur corps quand l'écrivain vient échouer sur leurs rivages. Elle est rebelle, farouche et sait le chasser quand il se fait menaçant et dangereux.

L'écrivain habitera la solitude ou la folie. Les femmes marqueront de façon indélébile Édouard Mallarmé ou Gilles Deschênes. Hamelin fait écho aux romans des écrivaines même si le pont est loin d'être jeté entre ses personnages masculins et féminins. *Samm*[56] et *Blanche*[57], chez Victor-Lévy Beaulieu, permettront aussi cette coulée de l'œuvre mais resteront des regards objectifs. Elles seront celles qui soufflent, celles qui disent, celles qui permettent le désir et l'accouchement de l'œuvre. Les fonctions biologiques sont souvent littéraires chez Beaulieu et permettent que l'œuvre soit «portée dans ses grosseurs».

Aujourd'hui comme hier, l'homme reste un torturé qui s'affole devant le poids du monde. Il est un écorché, encore et toujours, qui ne sait que blesser sa compagne. L'homme de papier se démène avec un problème métaphysique qu'il n'arrive pas à résoudre. Il explose, s'enivre, se bat, s'enfonce dans la grisaille des jours pour s'y dissoudre lentement. Il restera terriblement imprévisible, toujours hanté par une place dans l'espace. Le non-dit de François Paradis et du Survenant est décrit par une nouvelle génération d'écrivains qui ont amorcé la quête avec Paul Villeneuve, Victor-Lévy Beaulieu, André Major, Gilles Archambault et même Hubert Aquin.

Chez Hamelin, le héros sera avant tout l'élément catalyseur, celui par qui les choses sont vues. Gilles Deschênes fera le lien entre les autochtones et la population blanche, révélera le secret qui devient l'œuvre écrite. L'écrivain, celui qui témoigne, tente de colmater la fissure et l'œuvre romanesque se transforme en explication. La question ontologique mute en œuvre littéraire et passe ainsi dans la durée et l'espace.

Le héros de Christian Mistral est coupé des grands déchirements sociaux et est hanté par son reflet. L'écriture se change en miroir. Les femmes y sont des ombres, des cris et des chuchotements qui ne menacent jamais la place des hommes. Ce qui importe, dans *Vamp*[53] et *Vautour*[58], c'est la fraternité des mâles et les grandes considérations existentielles. La fascination qu'exerce Blue Jeans sur Christian est même un peu trouble dans *Vamp*[53]. Le *je* prend la dimension de la ville et il s'incruste dans le cœur de la phrase. Ce qui importe, c'est la place du héros dans le corpus littéraire. Christian se regarde aller et sait qu'il pose des gestes pour la postérité. Il n'écrit pas, il se regarde écrire.

Les écrivains contemporains, autant hommes que femmes, posent le rôle salvateur de l'écriture dans leurs ouvrages. Voilà qu'ils peuvent transcender la réalité et s'inventer un univers par les mots et les phrases. Le texte se transforme en l'espace des errances. Ils ne croient plus à la collectivité, ne jurent que par cette phrase qui s'incruste dans la mémoire et qui abolit enfin les frontières. Les contemporains, hommes et femmes, renaissent de leurs cendres par la création et ressuscitent comme Azarius l'a fait grâce à la guerre. Victor-Lévy Beaulieu, Pierre Gobeil, Christian Mistral, Nicole Houde, Francine Noël, Jacques Poulin, Pauline Harvey, Lise Tremblay et Louis Hamelin font de l'écriture l'objet de leur quête. Le texte sera sujet et personnage chez ces écrivains. La phrase permet l'ancrage dans un monde de dérives et se fait refuge. Il y a une filialité très nette avec *Le vieux chagrin*[59] de Jacques Poulin. Le pronom narrateur de Lise Tremblay, dans *L'hiver de pluie*[60], tente de retenir les évanouissements d'être par des lettres. La missive retrouve sa noblesse. Ces morceaux d'écriture, ces lambeaux de vie lient deux personnes et peuvent, peut-être, empêcher la perte d'être. Le lecteur se fait interpeller. Il est le destinataire, le témoin et le confident.

Les lettres inventées ou imaginées, dans *Dessins et cartes du territoire*[61] de Pierre Gobeil, joueront le même rôle. Elles disent ce qui n'est pas, abolissent les frontières et font surgir des cailloux qui guident le lecteur dans l'immensité blanche, le pays de la page. Est-ce encore un roman? Le texte se dilue, s'évanouit à la limite de l'horizon, se referme sur un peu plus de blanc. Une écriture qui marque l'espace dans *Lettres à cher Alain*[62] de Nicole Houde. L'action romanesque est évacuée et, ce qui importe, c'est l'écriture physique et palpable qui va de la narratrice au destinataire.

Ces écrivains, un peu sauvages, ont vite fait d'oublier Ovide Plouffe qui n'a jamais pu s'arracher au collège classique. C'est la façon contemporaine de tout recommencer, de tourner sur soi comme les chats fous de solitude et d'abandon de Lise Tremblay dans *L'hiver de pluie*[60]. C'est la manière moderne de pratiquer l'errance d'un François Paradis, le recommencement d'un Samuel Chapdelaine ou d'un Ovila Pronovost. Mistral, Lise Tremblay et Louis Hamelin hantent les bars et tentent de s'accrocher à un bout d'espace où ils pourront s'écrire et exister. Ils ont été avalés par un moi obsédant et ne savent plus revenir sur leurs pas, guettés qu'ils sont par la mort qui cernait Paul Villeneuve dans *J'ai mon voyage*[63].

Le texte exorcise dans *La mort de Marlon Brando*[64]. Le viol est la cassure dans le texte, la digression comme le signale l'institutrice qui surveille la venue du texte. Le *Fuyant*, dans ce roman de Gobeil, est revenu mais animal, étranger dans sa parole, peut-être à cause même de la durée de l'errance. Il est rentré sale et répugnant, perdu dans ses mots et sa langue. Il a frayé avec les rôdeurs de Menaud et, peut-être, rencontré Lorenzo Surprenant. La femme n'est plus le rempart qui se dresse devant ce mâle sauvage. L'enfant est agressé physiquement et tué mentalement. Le langage devient objet et sujet de la quête. Pour Pierre Gobeil, la recherche du mot précis et de l'expression juste sera la façon de transcender l'univers et de se l'approprier, d'effacer la blessure qui a retourné l'être. L'écriture est la seule arme et l'unique protection de l'écrivain. Dire revient à construire la réalité et à la transformer.

Ghislaine, dans *La maison du Remous*[44], résistera à Laetitia et à la désintégration par l'écriture. Fatima

Gagné, une spécialiste du langage, tout comme l'Antoine d'André Major et la Marion de Madeleine Monette, qui est une experte du texte par son métier de comédienne, réussissent à triompher de la réalité. Dire, c'est vaincre. Le legs, le dernier refuge sera la langue et le récit. La folie se manifeste par une charge contre les mots chez Nicole Houde. La désintégration physique et mentale de Laetitia se vit dans la pulvérisation du langage. Les mots explosent, se retournent et créent d'autres mondes et multiplient les signifiants. Si le mot n'est plus fiable, il faut le traquer pour lui redonner son sens. Une certitude, une confiance dans l'expression que *Les inconnus du jardin*[65] tentent de retrouver en se penchant sur des fleurs, des noms qui finissent par être des personnages. La métamorphose est possible. Les mots prennent racines et s'ouvrent à la lumière du jour. Ils sont vivants, palpitants, incarnés dans une réalité plus belle que nature. Le langage a alors une existence propre, une autonomie qui donne un visage à l'écrivain. *Les inconnus du jardin*[65] constituent leur propre abécédaire, collent une image en haut de chaque mot pour apprivoiser la réalité des choses. Tout le roman est une quête du langage et de l'expression.

Le legs prendra des virages étonnants chez d'autres écrivains. Robert Lalonde inverse la problématique de Germaine Guèvremont. Si l'homme a surtout cherché un fils digne, voilà que le fils part à la conquête du père. Dans *Le fou du père*[66], la rencontre aura lieu sur une île, cette île où les enfants de *Cartes et dessins du territoire*[61] tentent de colmater l'absence en tournant encore et toujours comme chez Lise Tremblay.

[205]

Cette île encore où Anaïs No guérira sa mémoire.

Le père échappe aux encerclements du fils, chez Lalonde. Il découpe le mur à coups de hache pour fuir la vrille des phrases. Le fils, incapable de toucher le vrai visage du père, ne peut que tourner autour du passé sans parvenir à l'exorciser. Il écrit à la femme aimée en se masturbant pour empêcher que l'île en lui ne glisse hors du continent. Francine D'Amour se heurte à son père dans *Les dimanches sont mortels*[67] et ne garde, à la toute fin, que la forme de deux corps dans la neige. Les grandes ailes ont été brisées, avec le rêve de se toucher dans ce qu'il y a d'essentiel.

Antoine, dans *L'hiver au cœur*[68], fuit une femme trop forte et se réfugie dans le passé. Il tourne le dos au féminisme après en avoir fait une esquisse plutôt simpliste. Antoine, le spécialiste des mots, de l'expression, rencontrera Huguette, la mère, la femme qui est par son corps. Antoine se retrouvera au contact de cette femme qui n'a pas été contaminée par le féminisme.

J'ai tenté de cerner le visage du père dans la seconde partie du *Violoneux*, avec Geneviève-Marie. J'ai imaginé cette fille à partir de Merlin l'Enchanteur. Je voulais esquisser la figure d'une fille parfaitement libre et indépendante, celle qui a toujours succédé au père tout en étant dépossédée de son histoire. Geneviève-Marie noue les liens et assure le legs mais en femme libre et entièrement capable d'assumer sa vie. Le sacrifice est aboli. L'avenir est un choix lucide et volontaire. Le fils rêvé s'est évanoui et la filiation se féminise pour se conformer à la réalité que les hommes ont toujours maquillée. Le règne du mensonge est aboli. Geneviève-Marie part sur les traces de ce père évanoui dans le silence et la mort. Elle est la première à porter un prénom dans la famille et doit naître adulte pour échapper à l'éducation qui ronge et contamine. J'inversais ainsi la proposition de Réjean Ducharme. Il nous faut naître adulte pour ne pas être contaminé par l'enfance. Geneviève-Marie scrute l'univers de son père et l'arrache à Anita, sa mère. Quand elle comprend le suicide du violoneux, le passé est racheté et l'avenir peut se profiler. Le père transmet la parole à sa fille. Il savait que comme homme, il ne pouvait qu'échouer et reproduire le silence. La filialité, désormais, sera celle de la femme. Il faut mourir aux images du père pour exister dans ce pays. Geneviève-Marie a une longue quête à mener. Elle lit tous les livres du hangar, les notes, les mots qui restent des signes sur un univers qui distille du blanc. La fille ramène les secrets dans la maison et les intègre au monde de la mère. Il faut cette marche, cette mort symbolique, sinon physique, pour que le contact entre l'homme et la femme soit possible dans un monde transformé.

Dans *La mort d'Alexandre*[16], Émile comprend devant le cercueil de son père: il est passé à côté de sa vie. Il sait. Les pas ramènent toujours sur les mêmes pas. Il avait oublié le rendez-vous avec son père. Seul malgré la famille, malgré les larmes qu'il refoule, il ne peut que jurer et maudire tous les saints du ciel qui ont étouffé son enfance. C'est la seule façon qu'il connaît. Richard, le gardien des mots, est témoin du drame de son frère. Il pourra l'écrire et le faire exister plus tard. L'œil de Richard, pour Émile, est ce qui rend ce moment intolérable. Il a toujours su déjouer et masquer ses émotions. Il échoue devant l'écrivain.

Pierre Gobeil, Nicole Houde, Robert Lalonde et Victor-Lévy Beaulieu sont les écrivains d'aujourd'hui qui ont le plus exploré et fouillé ce mal qui hante l'homme québécois. Pas un auteur n'a su colmater cette perte d'être qui blesse les hommes et tue les femmes malgré les vernis et les modes. Les écrivaines sont allées le plus loin dans cette recherche. Nicole Houde illustre la désintégration des femmes quand elles écoutent les voix de Maria et se plient aux désirs de l'*Instable* ou de l'*Effacé*. Laetitia a été tuée par un porteur de dates et d'événements qui écrit l'histoire en l'arrachant à son corps. Victor-Lévy Beaulieu, dans *L'Héritage*[69], pousse à sa limite la question du legs qui hante les écrits de Félix-Antoine Savard, Germaine Guèvremont et Ringuet. Chez Beaulieu, l'épouse s'est barricadée dans sa chambre pour y vivre comme dans un tombeau. Virginie partage la solitude de Laetitia et de la *Tricheuse*[70] de Madeleine Ferron. Le père commettra l'irréparable avec Miriam, dans *L'Héritage*[69]. C'est la plus terrible des morts, celle qui détruit l'intérieur et laisse le corps à la dérive dans l'espace. C'est la hantise de Menaud qui sombre dans la folie. Lui aussi aurait pu se livrer aux derniers outrages avec sa fille Marie s'il avait poussé la logique jusqu'à la limite. Chez Nicole Houde, cette dissolution passera dans des gestes qui échappent au corps et se retournent contre Laetitia. La femme est une autre dans sa propre existence.

Ce mal de l'homme québécois se drape d'une couleur pathétique au théâtre et à la scène. Le fils déserte son sexe et trouve refuge dans l'univers de la mère. Il

[208]

sera le fils déchiré, incroyablement violent et capable de tuer par amour chez René-Daniel Dubois. Là, plus que partout ailleurs, il se retranche dans une sexualité qui porte la parole. Il faut rompre avec l'hétérosexualité et se déguiser en duchesse pour casser le mutisme des hommes. Ce *fuyant* s'invente un monde de culture, de paroles et d'artifices, porte les robes de la mère dans les *Muses orphelines*[71]. Le dit et la parole ont donc une couleur sexuelle particulière. Le spectateur se retrouve devant un homme qui nie le fardeau biologique qui a obsédé Didace Beauchemin et Xavier Galarneau. Il n'a pas trouvé, pour autant, la stabilité et encore moins le sens de sa vie.

Le spectacle réel sera celui de la langue et de l'expression. Il faut trouver l'autre versant de la parole. La face cachée du langage sera le sujet des *Feluettes*[72], des *Muses orphelines*[71] et même de *L'Histoire de l'oie*[73] de Michel Marc Bouchard. La prise du réel se fait par le langage encore une fois. C'est la seule manière. Michel Tremblay a créé des personnages qui n'ont que la parole pour flotter dans la vraie vie. Les mâles ordinaires, chez lui, sont coupés de l'expression. Il faut être déserteur pour que la parole soit possible et omniprésente.

Elle est là cette littérature particulière, toujours en quête de soi et d'identification. Les nouveaux romanciers tournent encore sur la problématique ontologique du mâle, la dépossession de soi et la grande douleur du monde de l'adulte. Les femmes ont amorcé la même quête mais dans la solitude d'une Fatima Gagné, d'une Albanie et d'une Anaïs No. Entre Agaguk l'homme sauvage et la Duchesse de Langeais, entre

Abel Beauchemin et Fatima Gagné, un tourment cherche sa résolution, une sexualité et une relation d'être demandent à exister, un dialogue cherche à s'inventer. François Paradis, Johnny Bungalow, Gilles Deschênes, Xavier Galarneau ou Michel Paradis, Florent Boissenault ou Ovila Pronovost se heurtent tous à la même difficulté d'être. La réponse se cache dans la fuite, l'errance et la dissidence. Elle a trouvé peu de variantes à travers les époques. Les mêmes questions fournissent toujours les mêmes réponses. Une terrible faille s'est ouverte entre les hommes et les femmes depuis peu. La Révolution tranquille n'a pas su la colmater et le féminisme, le magnifique rapprochement des débuts, aura encore une fois accentué la déchirure. Les pères poursuivent les fils ou les fuient et les mots arrivent mal à prendre racines et à se changer en fleurs comme dans *Les inconnus du jardin* [65]. Si la complicité existe entre Albanie et Maria, la mère et la fille, de l'autre côté de la rue, le fils a été abandonné. Le géniteur ne peut répondre par sa présence, incapable d'être père sans la mère. Il se suicide dans *Le bruit des choses vivantes* [48] de façon réelle ou symbolique. Le petit garçon aurait pu être le jeune Monsieur Émile de Beauchemin. Être enfant dans la littérature québécoise, c'est souvent être un adulte impossible. Sur scène comme dans les romans, sous les éclats de rires ou dans les larmes de la dérision, l'homme et la femme de papier n'ont pas su se reconnaître et tisser un langage. Le dialogue viendra peut-être plus tard. Jacques Poulin esquisse le chemin de la tendresse, une reconnaissance que vivent l'homme et la femme. Stéphane Bourquignon semble aller lui aussi dans cette direction. Le mur qui isole les hommes des femmes, pour le moment, ne montre encore que ses graffitis.

L'HOMME
CLANDESTIN

J'avais plus de trente ans. Pour la première fois je côtoyais des femmes au travail. Je fus naturellement du groupe syndical, avec l'enthousiasme d'un converti. L'être et le non-être s'appliquaient mal à l'arrivée d'un nouveau travailleur syndiqué mais le langage syndical ne m'effarouchait pas. J'avais lu Marx. Président de syndicat spontanément, moi qui avais rejeté la paternité en sortant de l'enfance, j'étais à négocier un congé de maternité.

Je me débattais dans le monde que j'avais rejeté quinze ans plus tôt. L'aliénation, la dépossession, la manipulation qui m'avaient fait tant parler, je la vivais. J'avais juré pourtant. Ma vie n'obéirait jamais à un horaire entrecoupé de libérations conditionnelles. La liberté était la route des phrases porteuses de questions et de certitudes. Il fallait toutes les libertés et tous les excès pour mon métier d'écrivain. Gagner sa vie dans une entreprise, c'était vendre ses idées et louer son corps. Kérouac m'avait montré la route. Je l'avais traqué jusque dans son lointain Lowell, dans un bar où le feu des cigarettes dansait comme des lucioles. J'y avais croisé des cousins du grand Jack, peut-être. Ils n'avaient plus que quelques mots de la langue de Mémère.

Tout ce que j'avais imaginé de pire et refusé arrivait. Que s'était-il passé? Avais-je rêvé en lisant Marcuse? Plus personne ne se souvient maintenant. Il m'avait retourné en 1968. Plus, il avait changé ma vie. À l'occasion, je retrouve l'exemplaire que je conserve précieusement. *L'homme unidimensionnel*[74] a été ma référence pendant des années. Il est là, un peu jauni, un peu marqué par le temps. Je lisais, à l'époque, armé d'un stylo. Plein d'annotations dans les marges d'une petite écriture de fourmi. J'avais vingt-deux ans alors, j'habitais rue Berri, fréquentais l'université, les bars du Vieux-Montréal et la taverne Cherrier. Je me pointais le nez régulièrement à la Casa Pedro et ingurgitais nombre de bières avec les volontaires. J'apprivoisais les mots, me penchais sur *L'Octobre des Indiens* [11] pour la vingtième fois et n'arrivais pas à trouver une forme définitive à mes poèmes. À droite, page quatre-vingt-sept, une note me fait sourire: «L'art est un recul qui permet de cerner sa réalité».

Je referme mon exemplaire. À la télévision, les économistes et les spécialistes des sondages se succèdent. Les philosophes font hausser les épaules maintenant. La réflexion nuit à la rentabilité. La pensée tue la compétitivité. Marcuse l'a dit.

L'objectif réel des négociations était la participation aux profits de l'employeur par la hausse des salaires. Les obligations parentales, l'intégrité physique, morale et intellectuelle, la propriété des ressources, la santé et l'environnement, le droit d'opinion et de dissidence, l'accès à l'information et à la connaissance, la qualité des services et des produits, les profits, les marchés et les orientations de production, les problèmes éthiques, les devoirs sociaux de l'entreprise et l'autonomie professionnelle ne furent que très sommairement effleurés. Les employés ont toujours été une ressource qui pouvait être liquidée avec l'édifice et les équipements. Je fus vendu, comme ressource humaine, avec mon entreprise, à deux ou trois reprises sans jamais avoir été consulté. Je peux élire un premier ministre, un député, un maire, un président de syndicat mais jamais un chef d'entreprise. J'aurais été le premier à m'affoler si le lecteur de mon journal était venu s'installer à la table des négociations pour revendiquer son droit du public à l'information.

La société mutait. J'entendais parler des garderies, des familles monoparentales et des pensions alimentaires, des droits des enfants, du harcèlement sexuel, de la discrimination positive et du travail partagé. Il n'était jamais question des rôles privé et public des employés. Il y avait le monde du travail et des loisirs, des amours et du couple. Ces phases de la vie ne communiquèrent que rarement entre elles. Des occupations bien isolées entre le monde du travail et la vie privée. Les questions, liées aux spécifications biologiques, ne furent jamais discutées dans l'élaboration de nos conventions collectives. Tout au plus, on concéda un droit de retrait, le temps de l'accouchement. Patrons et syndicats s'entendirent pour que le revenu soit garanti, rien de plus. C'était cela hier et ce l'est encore aujourd'hui.

Presque trente ans plus tard, dans les médias, on m'accuse d'avoir tout raté. Je suis celui qui a renié ses pensées lyriques. J'ai piétiné ma liberté, mes idéaux de solidarité et de jeunesse. Les discours et les revendications cachaient notre soif insatiable de sécurité matérielle et d'un pouvoir d'achat illimité. Les envolées socialisantes étaient-elles là uniquement pour me déculpabiliser? Étions-nous si mal à l'aise devant notre avidité?

J'ai organisé le travail comme jamais, négocié des

salaires et des horaires, des définitions de tâches et des façons de faire, la durée de mes vacances, le temps supplémentaire, mon droit au grief, les manières de me congédier, la fermeture de l'entreprise, la limitation du droit de gérance, le nombre d'employés, ma caisse de retraite et les changements technologiques. Je voulais tout prévoir. Définir, c'était tout régler. Il en est résulté un homme et une femme semblables dans la liste d'ancienneté mais si différents dans l'échelle salariale. Dans la vie, ils étaient toujours des étrangers. Les droits et les privilèges dans l'entreprise correspondent aux façons de faire des hommes. Les femmes se sont pliées au regard masculin en envahissant le marché du travail. Les entreprises et les centrales syndicales n'ont jamais cassé ce moule. La séparation entre le travail et la vie privée vient des hommes et de la société des pourvoyeurs. L'égalité dans le couple reposait sur la bonne volonté et l'ouverture d'esprit.

Tout avait si bien commencé. Je me souviens. Si la femme refusait tout, j'en faisais autant. Je voulais être le centre de l'univers et elle aussi. L'autoritarisme exercé par l'homme et subi par les femmes, je le rejetais spontanément. En retour, j'avais droit aux amours éphémères, aux promesses d'un soir et aux caresses qui s'effacent sous la douche. Les femmes m'offraient des amours renouvelables et recyclables. La fidélité était bannie. J'étais Adam, l'homme nu qui n'avait plus à s'inquiéter des lendemains.

Je croyais découvrir la vérité dans les livres. Une phrase illuminerait toute ma vie. Après bien des lectures, j'ai compris qu'il n'y avait pas de certitude immuable. Mon point d'équilibre, je le trouverais dans mes gestes et mes amours. C'était dans la tendresse, la douceur, les sourires et les complicités que je m'arrimerais à une autre et que je trouverais celui qui se dissimulait sous des épaisseurs d'enfance.

Je n'avais qu'à me glisser dans mes raisons. Je n'avais ni colère, ni haine envers mes nouvelles camarades. J'attendais ces mots depuis si longtemps! Mes questions trouvaient enfin une réponse. Les femmes me livraient un autre univers. C'était le plus important même si j'avais toujours envie de fuir au bout de mon souffle. Elles se construisaient une autre certitude et j'étais Icare brûlé par les flammes. Je fouillais les coins les plus intimes de ma pensée, me méfiais de mes assertions et de mes nouveaux serments. J'avais juré tellement souvent pour retrouver mes habitudes tout aussi rapidement.

Enfin, j'étais un homme devant une femme qui se défaisait lentement de ses servitudes. J'avais la chance de vivre avec des femmes qui s'arrachaient aux oublis de l'Histoire. Peu d'hommes ont su le reconnaître. Les femmes cherchaient dans leur mémoire, se méfiaient des idées et des gestes de soumission. Elles touchaient des terres inconnues et mes doutes se faisaient certitudes. La sexualité de ma partenaire ne m'avait jamais appartenu. J'avais à guetter mes réflexes de prédateur et à vivre dans le désir de l'autre. Surtout, le féminisme me montrait les regards, les plaisanteries de mes compagnons. Tout y passait: la sexualité, l'intelligence et les capacités des femmes. Je ravalais mes rires et apprenais à avoir un autre œil sur les relations viriles. La parole des femmes modifia peu à peu mes contacts avec les hommes. Ce n'était pas prévu.

Le temps de l'euphorie passé, les femmes voulurent faire de moi un père volontaire. Quels détours étranges prenaient la liberté et l'égalité! Je me retrouvais devant la partition des couches et des biberons. Père mais sans servitude ménagère et sexuelle obligatoire. J'avais cru que les femmes me libéreraient de toute responsabilité. Elles me parlaient de différenciation des revenus, d'égalité parentale et familiale, de répartition des tâches domestiques. Les femmes raflaient tout dans leur quête d'autonomie. Les hommes maugréaient. Où est l'égalité et la liberté devant un poupon pris de coliques? Le malentendu qui cerne le féminisme est là. Bien des hommes ont oublié que partager sa vie avec un être autonome exige une mutation des idées. J'ai eu l'impression de n'avoir plus que des obligations. Le couple perdait ses assises, ses dichotomies et ses spécificités. Il aurait fallu déterminer une convention, définir le nouveau couple, les tâches, le partage, les responsabilités, l'apport de chacun, le budget, le patrimoine familial et les horaires pour les enfants. Tout définir comme on l'a fait au travail. Tout était à repenser et à soupeser.

Les hommes ont refusé de négocier, gardant les principes de justice égalitaire pour la production de biens. Ils firent la grève domestique et proclamèrent le lock-out parental. Je les ai vus fuir devant une compagne qui exerçait son droit de retrait. Je les ai entendus ridiculiser les revendications des femmes, les discours d'égalité et de partage. J'ai vu aussi des femmes se taire, sourire et se renier. Le néo-féminisme passe, semble-t-il, par Camille Paglia et Madonna. Un recyclage plus que suspect.

[220]

Même accrochées solidement à une liste d'ancienneté, membres à vie d'un syndicat avec autonomie financière, les femmes n'ont pas gagné le partage des tâches associées à la maternité et à la domesticité. Les hommes boudèrent pour la plupart. Les femmes se retrouvaient pourvoyeuses, mères et souvent pères, avec tous les devoirs et toutes les obligations. La nouvelle société québécoise avait inventé les pères célibataires et les veuves biologiques. Les hommes avaient profité du féminisme pour faire un pas de plus vers une sexualité errante qui les hante depuis Adam.

Les femmes héritaient de toute la famille et elles n'avaient pas droit de grief. Que s'était-il passé au temps de mes révolutions pour que je devienne si évanescent? Qu'avons-nous dit à cette compagne qui voulait réinventer l'avenir, à cette femme qui se découvrait après des siècles d'assujettissements? Pourquoi n'avons-nous pas cherché de nouvelles ententes?

Le patriarcat était lourdement accroché en moi, au travail, dans mes loisirs et ma façon de vouloir toujours être le premier. J'apprenais à décoder mes réflexes mais ce n'était pas facile. Le patriarcat ne s'extirpe pas d'un homme de ma génération, on le civilise tout au plus.

Je rêvais d'une pensée binaire, cette pensée bisexuelle que revendique Marc Chabot. Je ne savais plus vivre en état de mensonge. L'homme clandestin que j'étais restait muet devant les blagues sexistes, les prouesses sexuelles des hommes qui sourient devant les agressions et les viols. Je sentais la haine et le mépris autour de moi, les réactions hostiles envers celles qui revendiquaient l'égalité dans les territoires occupés. C'était comme si j'entendais cette parole pour la première fois.

J'ai failli souvent tout abandonner, rejeter les questions et vivre dans mes réflexes. J'allais me retourner et mes cris figeaient. Les féministes reprenaient mes discours, les tirades qui cherchaient à changer le monde. J'avais tant parlé que j'étais encore étourdi. Je percevais leur effarouchement, leur fragilité dans mes faiblesses, leur rage devant mes colères. Elles cherchaient une parole nerveuse et mouvante. J'avais la chance d'expérimenter la vie de tous les jours et c'était terriblement difficile et passionnant.

Des ombres se profilaient derrière mes questions, c'était affolant et presque rassurant. Je quittais mes réflexes mais ne serais ni un homme rose ni un macho. Il fallait juste se rapprocher, se parler, se toucher, redécouvrir nos corps pour être l'expérience de l'autre. Mes raisonnements s'ouvraient et je trouvais celui qui s'était perdu en moi. Je m'égarais au détour d'un mot et les femmes posaient toutes les questions. Je pataugeais dans des réponses informes, cherchais un être étouffé depuis Adam, un homme qui tente de marcher hors de sa déraison raisonnante.

Les féministes se butèrent à une société hermétique malgré les apparences et les dérobades des hommes. Plus tragique encore, vingt ans après la grande libération, la maternité est synonyme de pauvreté. Avoir un enfant pour une femme d'aujourd'hui mène directement au travail à temps partiel, à un emploi de surnuméraire ou encore au terrorisme du travail sur appel. L'homme, si on inverse le postulat, a une chance sur deux d'être père célibataire sans responsabilité autre que celle de payer pour ses enfants par mensualités.

Je sais maintenant: la plupart des hommes n'ont jamais associé la sexualité à l'amour. Ils peuvent satisfaire des pulsions sans y mêler les sentiments, pratiquer leur droit à l'éjaculation en méprisant leur partenaire. Le viol n'est qu'une autre façon de punir une femme dans son corps. La sexualité peut être aussi une arme terrible qui détruit un être en laissant le corps à peu près intact.

Les hommes ont pris le maquis au temps des responsabilités partagées. J'avais pourtant cru le patriarcat tombé en désuétude, imaginé que les hommes ne confondaient plus services sexuels et devoirs parentaux; que les mères n'étaient plus une propriété privée à usage restreint. Les féministes avaient juste exigé l'autonomie, l'égalité, le respect, la liberté de choix, l'intégrité physique et psychique, la responsabilité parentale avec ou sans cohabitation. Les hommes y virent une menace. Ils ne pouvaient concevoir des devoirs paternels sans l'usage exclusif du corps de la mère. Le père volontaire et responsable resta une notion expérimentale. L'homme dissocie mal la femme autonome de la mère de ses enfants. Tout s'est toujours confondu dans son esprit depuis des millénaires. Les attitudes différentes, le nouveau regard sur le travail et les tâches domestiques furent avant tout la réflexion des femmes et de certains hommes clandestins. Il fallait partager le statut de pourvoyeur. Il a toujours été synonyme d'esclavage, d'abus sexuels et de violence. Le pourvoyeur unique se croit spontanément propriétaire des enfants et de l'épouse. La femme y laisse son autonomie, sa liberté de choix, son intégrité émotionnelle et corporelle. Bien des drames conjugaux viennent de là.

J'étais l'individu le plus seul au monde quand j'ai commencé à questionner la complicité qui unit les mâles depuis des millénaires. Ils sont sans doute nombreux à ne pas savoir comment quitter la clandestinité, à ne pas oser se présenter à la barre du patriarcat comme témoin à charges. Il le faut pourtant. Tout est possible entre les hommes et les femmes. Ils ne seront jamais désuets dans l'humanité. L'avenir a encore un avenir malgré les hoquets et les lenteurs. La parole est maintenant aux hommes s'ils veulent inventer le nouvel humanisme. Elisabeth Badinter l'a très bien formulé: «À ce jour, les femmes ont dit ce dont elles ne voulaient plus et ont entamé une révolution sans précédent. La balle est à présent dans le camp des hommes qui doivent accepter de réfléchir sur la nouvelle donne, dire ce qu'ils veulent, et comment ils conçoivent le nouveau contrat sexuel[75]».

Ce qui m'a le plus secoué, dans la parole des femmes, ce fut de constater que je vivais hors de mes raisonnements et de mes principes d'égalité. Les féministes savaient détecter les défauts de ma cuirasse et faire voler en éclats mon image de héros. J'étais promené tout nu sur la place publique. Elles savaient si bien mes peurs et mes craintes que je n'arrivais plus à m'inventer des mensonges.

Elles avaient tant de mots mes camarades d'université, mes compagnes d'excès pour montrer que j'avais tout saccagé. Elles le répétaient jusqu'à l'agacement. Marcuse m'avait aussi signalé mes illusions. Je ne pouvais me défiler à moins d'être un lâche. Je ne pouvais maquiller mes phrases et me contenter d'inventer des histoires qui permettaient toutes les interprétations et toutes les faussetés. J'avais à être le complice des geôliers, des séquestreurs et des violeurs héréditaires ou à quitter mes déguisements, à me dresser dans mes peurs et mes raisons.

J'avais des gestes, des paroles, des regards et des sourires à surveiller. Mes réflexes et mes désirs, j'avais à les comprendre et surtout, à savoir ce qu'ils étaient pour mes compagnes. Elles parlaient au conquérant et je me retrouvais muet. Un oppresseur se cachait en moi. Elles avaient des preuves et rédigeaient leurs griefs. Elles étaient la femme de Loth qui survit grâce à sa curiosité. Ève ne voulait plus de mes érections foudroyantes et de mes étreintes de guerrier. Elle s'entraînait à la parole pour repousser ses gestes de soumission et de dépendance. Sa tâche était tout aussi ardue que la mienne. Nous avions à transformer deux vieux spécimens de la race humaine et nous ne savions que ressasser les mêmes lambeaux de phrases.

Il n'y avait plus d'objet à analyser et à expliquer mais un sujet à découvrir et à écouter. Toutes celles qui avaient été enfermées avec mes trois tantes et qui n'osaient plus avoir une seule idée tellement j'étais devenu dangereux et sanguinaire, se retournaient. Certaines, plus impatientes aussi, plus désespérées peut-être, s'enfermèrent dans un discours où les hommes furent bannis. Elles me regardaient de toute l'immensité de leurs visages et c'était terrifiant. Leurs larmes étaient la pire accusation pour celui qui avait ravalé toutes les larmes. J'étais leur tourment et leur désolation. J'étais mordu dans ma langue, ma logique et mes vérités. Il fallait quitter le dogme, la transcendance et la verticalité pour apprendre l'horizontalité, l'immanence, le doute et l'incertitude. Je renonçais au droit divin pour questionner mes fantasmes, mes pulsions et mes charges érotiques.

Il fallait être celui que j'avais toujours prétendu être: un homme libre, un démocrate porteur d'égalité et de fraternité. Le défi était extraordinaire. J'avais à partager le monde. L'autre sexe de l'humanité se profilait. Je congédiais tous les modèles, décousais l'uniforme, tenais le héros à distance et marchais en me gardant en état de haute surveillance. Je m'arrachais à l'incompréhension d'Adam. Ève me souriait en croquant toutes les pommes. Je succombais à la tentation et me livrais enfin à la connaissance.

Il serait facile d'oublier le formidable questionnement que fut la lutte des femmes, la chance de renouveau qu'elle représentait, l'occasion de réflexion et de changements qu'il apportait dans la civilisation. Il était possible d'imaginer «la fin de la guerre des sexes» comme le dit Marie Savard. Nous sommes, peut-être, passés à côté du plus grand pas que l'humanité avait à faire.

Heureusement, les grandes questions laissent des traces. Les liens qui unissent ou séparent les hommes et les femmes de ma génération ne sont plus ceux qui liaient mes parents. Nous avons changé. Les nouveaux modèles et les nouveaux rôles sont flous mais ils s'esquissent.

Les hommes, ceux qui tentent de trouver un autre équilibre, ne pouvaient qu'imiter les femmes dans leurs gestes. Ils ont rejeté la culture du mâle, le droit divin et l'autorité innée. Ce n'était guère facile. Ils avaient appris à être silencieux et obstinés dans leurs privilèges. Les volontaires ne pouvaient qu'emprunter au vocabulaire des femmes et à leur gestuelle. Les femmes s'étaient approprié de grands pans du monde des hommes dans le travail et nous avions à triompher dans la cuisine, à suivre des enfants à l'école et à nous pencher sur des activités ignorées depuis toujours. Les féministes avaient joyeusement plongé dans le vocabulaire des hommes pour étayer leur libération et ce n'était que justice d'en faire autant. La plupart des hommes hésitèrent. Leur virilité était menacée. La vaisselle avait un sexe. Ils se sentirent diminués par un langage et des gestes qui avaient toujours appartenu aux femmes. Les féministes réclamaient un pacte social qui ne s'appuyait plus sur la discrimination biologique mais sur les responsabilités sans exception.

Plusieurs voulurent la nouvelle association et empruntèrent de nouveaux comportements. Ils réfléchirent sur le travail, les tâches et les revenus, le nouveau partage et les objectifs de production. Ils s'associèrent dans l'achat d'une propriété, vécurent indépendants financièrement. La nouvelle association comprenait un actif et un passif. Il aurait dû toujours en être ainsi. Tout ce qui était jugé essentiel était dû à l'association de deux actionnaires.

La nouvelle charte de la société fut vite enfermée dans le cercle du privé. Elle était subversive à l'échelle sociale. Les transformations étaient à peine imaginables. Il aurait fallu partager le travail, les responsabilités politique et sociale, transformer le mode de production et les façons d'exercer le pouvoir. Le féminisme dévia rapidement et devint une lutte sur le terrain des hommes. Jamais cette idée ne fut l'objet des grandes revendications syndicales ou placé au cœur des objectifs de croissance, encore moins dans les programmes des partis politiques. Il fut surtout question des échecs, des familles monoparentales au féminin, des misères physique et matérielle. Les femmes furent montrées du doigt, les féministes qualifiées de mauvaises mères, jugées responsables et coupables. C'était la façon des hommes de refuser tout partage et de contrer leur libération.

Les hommes ne parlent pas la même langue que les femmes quand il est question de liberté, d'autonomie et d'affirmation. Ils usent des mêmes mots sans leur donner le même sens. Même après la modernité, une révolution, l'avènement des satellites, le village global et les autoroutes électroniques, les hommes se renfrognent quand il est question de changer dans leur façon de voir, de penser et d'organiser la vie. La révolution masculiniste reste à faire pour que le dialogue s'amorce. Nous avons refusé de répondre il y a vingt ans. Mes hésitations ont débouché sur des accusations. Il faudra bien signer l'armistice un jour. J'y crois à cette révolution du langage et du corps, à cette recherche d'identité égalitaire. C'est la seule façon de transformer un monde qui se fissure et qui menace de s'écrouler. Il faut miser sur les désirs de tendresse et d'amour, les élans de passion et de colère, les tentatives de partage et de mutation. Nous sommes des amants vieux de plusieurs millénaires qui n'ont pas réussi à se reconnaître et à se respecter. Il est temps d'y réfléchir. Le féminisme cherchait à retrouver l'homme et la femme pour qu'ils cassent le testament d'Adam. Ce qui aurait pu donner une société originale, juste, permissive, innovatrice et inventive contribua à isoler les humains des deux sexes et à en faire de terribles étrangers. Il n'y aura pas d'avenir sans la réconciliation et l'égalité des hommes et des femmes. Qu'on se le dise!

BIBLIOGRAPHIE

1 CÔTÉ (Roch). *Le manifeste d'un salaud*, Éditions du Portique, 1990.

2 BOMBARDIER (Denise). *Une enfance à l'eau bénite*, Éditions du Seuil, 1985.

3 «Pitié pour les garçons», *L'actualité*, février 1992.

4 CHAMPAGNE (Maurice). *L'homme têtard*, Québec/Amérique, 1991.

5 Allusion à un jugement rendu par un juge de l'Ouest canadien dans le cas du viol d'une Amérindienne.

6 *Conte pour tous*, série de films pour la jeunesse produite par Roch Demers.

7 BOMBARDIER (Denise). *La déroute des sexes*, Éditions du Seuil, 1993.

8 VERLAINE (Paul). *Mon rêve familier*, Poèmes saturniens, Livre de poche, n° 747, 1961.

9 SARTRE (Jean-Paul). *La Nausée*, Livre de poche, n° 160, 1965.

10 PARÉ (Yvon). *Les Oiseaux de glace*, Québec/Amérique, 1987.

11 PARÉ (Yvon). *L'Octobre des Indiens*, Éditions du Jour, 1971.

12 PARÉ (Yvon). *Anna-Belle*, Éditions du Jour, 1972.

13 CALDWELL (Erskine). *Le Petit Arpent du Bon Dieu*, Livre de poche, n° 66.

14 FOURNIER (Guy-Marc). *Les ouvriers*, Cercle du livre de France, 1975.

15 PARÉ (Yvon). *Le Violoneux*, Cercle du livre de France, 1979.

16 PARÉ (Yvon). *La mort d'Alexandre*, VLB Éditeur, 1982.

17 CARRIER (Roch). *De l'amour dans la ferraille*, Stanké 1984.

18 MAILLET (Antonine). *Pélagie-la-charrette*, Leméac, 1979.

19 BOUCHER (Georges) de Boucherville. *Une de perdue, deux de trouvées*, Stanké, 1987.

20 FARLEY et LAMARCHE. *Histoire du Canada*, Éditions du renouveau pédagogique, 1966.

21 GROULX (Lionel). *Notre maître le passé*, Tome I, Stanké, 1987.

22 BERGERON (Léandre). *Petit manuel d'histoire du Québec*, Éditions québécoises, 1970.

23 GIGUÈRE (Roland). *L'âge de la parole*, Éditions de l'Hexagone, 1965.

24 BAUDELAIRE (Charles). *Les fleurs du mal*, Livre de poche, n° 677.

25 HUGO (Victor). *Les Misérables*, Livre de poche, n° 964, 966 et 968, 1954.

26 CAMUS (Albert). *L'Étranger*, Livre de poche, n° 406, 1957.

27 GAUVREAU (Claude). *Les oranges sont vertes*, Leméac, collection théâtre.

28 FERRON (Jacques). *Les grands soleils*, Éditions d'Orphée, 1958.
29 MAURIAC (François). *Thérèse Desqueyroux*, Livre de poche, n° 138.
30 HÉMON (Louis). *Maria Chapdelaine*, Boréal Express, 1980.
31 GÉRIN-LAJOIE (A.). *Jean Rivard*, Beauchemin, 1924.
32 GRIGNON (Claude-Henri). *Un homme et son péché*, Stanké, 10/10, n° 1.
33 SAVARD (Félix-Antoine). *Menaud maître-draveur*, Littérature québécoise, 1990.
34 RINGUET. *Trente arpents*, Fides collection Nénuphar, 1966.
35 GUÈVREMONT (Germaine). *Le Survenant*, Bibliothèque québécoise, 1990.
36 ROY (Gabrielle). *Bonheur d'occasion*, Beauchemin, 1965.
37 HAMSUN (Knut). *Vagabonds*, Livre de poche, n°ˢ 743-744.
38 DUBÉ (Marcel). *Un simple soldat*, Les Éditions de L'Homme, 1967.
39 DESROSIERS (Léopold). *Les engagés du grand portage*, Bibliothèque québécoise, 1992.
40 HAMELIN (Louis). *La Rage*, Québec/Amérique, 1989.
41 HAMELIN (Louis). *Cowboy*, XYZ Éditeur, 1992.
42 CARRIER (Roch). *La guerre Yes Sir*, Éditions du Jour, 1968.
43 COUSTURE (Arlette). *Les filles de Caleb*, Québec/Amérique, 1985.
44 HOUDE (Nicole). *La maison du Remous*, La pleine lune, 1986.
45 NOEL (Francine). *Maryse*, VLB Éditeur, 1983.
46 DUBÉ (Danielle). *Les Olives noires*, Éditions Quinze, 1984.
47 MONETTE (Madeleine). *Amande et melon*, L'Hexagone, 1991.
48 TURCOTTE (Élise). *Le bruit des choses vivantes*, Leméac, 1991.
49 BEAULIEU (Victor-Lévy). *Steven Le Hérault*, Stanké, 1985.
50 BEAULIEU (Victor-Lévy). *Don Quichotte de la démanche*, Éditions de L'Aurore, 1974.
51 BEAULIEU (Victor-Lévy). *Oh Miami Miami Miami*, Éditions Trois-Pistoles, 1995.
52 DUCHARME (Réjean). *Dévadé*, Éditions Le Seuil, 1990.
53 MISTRAL (Christian). *Vamp*, Québec/Amérique, 1988.
54 AUSTER (Paul). *La musique du hasard*, Actes-Sud, 1991.
55 HAMELIN (Louis). *Ces spectres agités*, XYZ, Éditeur, 1991.
56 BEAULIEU (Victor-Lévy). *Discours de Samm*, VLB Éditeur, 1982.
57 BEAULIEU (Victor-Lévy). *Blanche forcée*, VLB Éditeur, 1976.
58 MISTRAL (Christian). *Vautour*, XYZ Éditeur, 1990.
59 POULIN (Jacques). *Le vieux chagrin*, Actes-Sud, 1989.
60 TREMBLAY (Lise). *L'hiver de pluie*, XYZ Éditeur, 1990.
61 GOBEIL (Pierre). *Dessins et cartes du territoire*, L'Hexagone, 1993.
62 HOUDE (Nicole). *Lettres à cher Alain*, La pleine lune, 1990.
63 VILLENEUVE (Paul). *J'ai mon voyage*, Éditions du Jour, 1969.

64 GOBEIL (Pierre). *La mort de Marlon Brando*, Triptyque, 1989.
65 HOUDE (Nicole). *Les inconnus du jardin*, La pleine lune, 1991.
66 LALONDE (Robert). *Le fou du père*, Boréal, 1988.
67 D'AMOUR (Francine). *Les dimanches sont mortels*, Guérin littérature, 1987.
68 MAJOR (André). *L'hiver au cœur*, XYZ Éditeur, 1987.
69 BEAULIEU (Victor-Lévy). *L'Héritage*, Stanké, 1987.
70 FERRON (Madeleine). *Le chemin des dames*, La Presse, 1977.
71 BOUCHARD (Michel Marc). *Les Muses orphelines*, Leméac, collection théâtre, 1984.
72 BOUCHARD (Michel Marc). *Les feluettes ou La répétition d'un drame romantique*, Leméac, collection théâtre, 1988.
73 BOUCHARD (Michel Marc). *L'histoire de l'Oie*, Leméac, collection théâtre, 1986.
74 MARCUSE (Herbert). *L'homme unidimensionnel*, Éditions de Minuit, 1968.
75 BADINTER (Élisabeth). *L'un est l'autre*, Points, 1986.

INDEX DES NOMS CITÉS

26 BOB MORANE
    Personnage des romans d'Henri Verne.
33 OVILA PRONOVOST
    Personnage d'Arlette Cousture dans *Les filles de Caleb*.
43 GAUDIOSE TREMBLAY
    Curé de La Doré de 1942 à 1967.
58 THÉRÈSE, OVIDE et FLORIBERT
    Personnages des *Oiseaux de glace* de l'auteur.
    ÉMILE
    Personnage de *La mort d'Alexandre* de l'auteur.
67 GUY-MARC FOURNIER
    Écrivain et journaliste.
69 J.-A. CHABOT
    Photographe robervalois, auteur d'une importante
    collection de photos prises depuis le début du siècle.
    Un pionnier de la photographie.
71 PHILIPPE LAFORGE
    Personnage central du roman *Le Violoneux* de l'auteur.
    GENEVIÈVE-MARIE
    Fille de Philippe Laforge dans *Le Violoneux*.
78 ÉVELYNE et ALEXANDRE PARENT
    Personnages des parents dans *La mort d'Alexandre* de l'auteur.
79 RICHARD PARENT
    Personnage personnifiant l'auteur dans *La mort d'Alexandre*.
99 LES PLOUFFE
    Série télévisée de Roger Lemelin faite à partir de son roman
    La famille Plouffe.
    SÉRAPHIN POUDRIER
    Personnage *Des belles histoires des pays d'en haut,* une série
    télévisée faite à partir du roman de Claude-Henri Grignon,
    Un homme et son péché.
100 ÉDOUARD CARPENTIER et YVON ROBERT
    Vedettes de la lutte dans les années 60.
101 JOHNNY ROUGEAU et VLADEK KOWALSKY
    Vedettes de la lutte dans les années 60.
    AIGLE NOIR
    Chef des Pieds noirs dans une série télévisée.
    BUFFALO BILL
    Éclaireur, héros et compagnon de Kit Carson lors de la
    conquête de l'Ouest américain.
    RINTINTIN et FURIE
    Animaux savants dans les séries télévisées populaires au
    cours des années 60.

102 FENIMORE COOPER
Romancier américain auteur d'une épopée intitulée
La légende de Bas-de-cuir.

103 ANGÉLINA DESMARAIS
Personnage du *Survenant* de Germaine Guèvremont.
RITA TOULOUSE
Personnage de *La famille Plouffe* de Roger Lemelin.
GRAND-JAUNE, DONALDA LALOGE et ALEXIS LABRANCHE
Personnages *Des belles histoires des pays d'en haut*, une série
télévisée faite à partir du roman de Claude-Henri Grignon
Un homme et son péché.
YOLAND GUÉRARD
Chanteur et animateur qui a connu un certain succès dans
différentes émissions de télévision.
ROGER BAULU
Animateur à la télévision.
DONALD et POPEYE
Personnages de bandes dessinées.

104 HOUDINI
Personnage devenu célèbre pour ses évasions dans toutes
sortes de situations. C'était le roi de l'évasion.

105 MAURICE DUPLESSIS
Premier ministre du Québec de 1927 à 1939 et de 1945 à 1960.

146 GABRIEL SAGARD
Franciscain qui publia en 1632 son *Voyage au pays des Hurons*.

148 RADISSON
Coureur des bois et explorateur au temps de la colonie française.

149 LIONEL GROULX
Historien et romancier auteur de *Notre maître le passé*.
LÉANDRE BERGERON
Auteur du *Petit manuel d'histoire du Québec* et d'un
dictionnaire controversé de la langue québécoise.

150 PICOTÉ DE BALESTRE, TOURETTE et NICOLAS PERROT
Explorateurs et coureurs des bois au temps de la colonie
française.

167 SGANARELLE
Personnage du *Malade imaginaire* de Molière.

168 JEAN-JOSEPH TREMBLAY
Enseignant et homme de théâtre.

172 MEURSAULT
Personnage de *L'Étranger* d'Albert Camus.

173 ANTOINE ROQUETIN
Personnage de *La Nausée* de Jean-Paul Sartre.

175 EUCHARISTE MOISAN
Personnage du père dans *Trente arpents* de Ringuet.

176 PIERRE PERREAULT
Cinéaste, poète et écrivain québécois.

181 JULES-PAUL TARDIVEL
Romancier et journaliste québécois né en 1851 et décédé en 1905.

GUILLAUME PLOUFFE
Personnage de *La famille Plouffe* de Roger Lemelin.

BEAU BLANC
Personnage de l'idiot dans *Le Survenant* de Germaine Guèvremont.

182 JOSEPH
Personnage central de Marcel Dubé dans *Un simple soldat*.

JEAN LÉVESQUE
Ami de Florentine Lacasse dans *Bonheur d'occasion* de Gabrielle Roy.

EUTROPE GAGNON
Personnage de Louis Hémon dans *Maria Chapdelaine*.

MICHEL PARADIS
Personnage de Francine Noël dans *Maryse*.

GILLES DESCHESNES
Personnage de Louis Hamelin dans *Cowboy*.

XAVIER GALARNEAU
Personnage de Victor-Lévy Beaulieu dans *L'Héritage*.

183 FRANÇOIS PARADIS
Fiancé de Maria dans *Maria Chapdelaine* de Louis Hémon.

184 ÉDOUARD
Personnage du père dans *Un simple soldat* de Marcel Dubé.

DEAN MORIARTY
Personnage de Jack Kérouac dans *On the road*.

LORENZO SURPRENANT
Personnage de Louis Hémon dans *Maria Chapdelaine*.

MARIA CHAPDELAINE
Personnage central de Louis Hémon dans *Maria Chapdelaine*.

185 SAMUEL CHAPDELAINE
Personnage du père dans *Maria Chapdelaine* de Louis Hémon.

186 ANITA
Épouse de Philippe Laforge dans *Le Violoneux* de l'auteur.

ÉVELYNE
Personnage de la mère dans *La mort d'Alexandre* et *Les Oiseaux de glace* de l'auteur.

MARIE L'INDIENNE et RITA
Personnages de *La mort d'Alexandre*.

187 OVIDE SIMARD
Mari de Thérèse dans *Les Oiseaux de glace*.

188 EDWIDGE LÉGARÉ
Engagé dans *Maria Chapdelaine* de Louis Hémon.

189 LAURA CHAPDELAINE
Personnage de la mère et de l'épouse de Samuel Chapdelaine dans *Maria Chapdelaine* de Louis Hémon.

EUTROPE GAGNON
Amoureux de Maria dans *Maria Chapdelaine* de Louis Hémon.

[237]

190 DIDACE BEAUCHEMIN
Personnage du père dans *Le Survenant* de Germaine Guèvremont.
AMABLE BEAUCHEMIN
Fils de Didace dans *Le Survenant.*
MIVILLE GALARNEAU
Fils aîné de Xavier Galarneau dans *L'Héritage* de Victor-Lévy
Beaulieu.
JOSON
Fils de Menaud dans *Menaud maître-draveur* de Félix-Antoine
Savard.
MARIE
Fille de Menaud dans *Menaud maître-draveur* de Félix-Antoine
Savard.
MARIE-DIDACE
Petite-fille de Didace Beauchemin dans *Le Survenant* de
Germaine Guèvremont.
191 ÉDOUARD MALLARMÉ
Personnage principal de Louis Hamelin dans *La Rage.*
BRIGITTE, JUDITH et SALOMÉ
Personnages féminins de Louis Hamelin dans *Cowboy.*
192 FLORENTINE LACASSE
Personnage principal de Gabrielle Roy dans *Bonheur d'occasion.*
EMMANUEL
Soupirant et mari de Florentine Lacasse dans *Bonheur
d'occasion* de Gabrielle Roy.
ROSE-ANNA
Mère de Florentine Lacasse dans *Bonheur d'occasion* de
Gabrielle Roy.
ÉMILIE
Personnage principal des *Filles de Caleb* d'Arlette Cousture.
193 AZARIUS LACASSE
Personnage du père dans *Bonheur d'occasion* de Gabrielle Roy.
MIRIAM GALARNEAU
Fille de Xavier dans *L'Héritage* de Victor-Lévy Beaulieu.
194 FLORENT BOISSONNEAULT
Personnage dans *Le Matou* d'Yves Beauchemin.
195 LAETITIA
Personnage de Nicole Houde dans *La maison du Remous.*
ÉLISE
Compagne de Florent dans *Le Matou* d'Yves Beauchemin.
FATIMA GAGNÉ
Personnage central de Francine Noël dans *Babel, prise deux.*
ALBANIE
Personnage d'Élise Turcotte dans *Le bruit des choses vivantes.*
CHRISTIANE
Personnage principal de Danielle Dubé dans *Les olives noires.*

PIERRE
    Compagnon de Christiane dans *Les olives noires* de Danielle Dubé.
MARION et CHARLES
    Personnages de Madeleine Monette dans *Amande et melon.*
197 ABEL BEAUCHEMIN
    Personnage de l'écrivain dans plusieurs ouvrages de Victor-Lévy Beaulieu.
198 ANAÏS NO
    Personnage de Danielle Dubé dans *Le dernier homme.*
199 BOTTOM
    Personnage de Réjean Ducharme dans *Dévadé.*
JUBA, MILLE MILLES et BÉRÉNICE
    Personnages de Réjean Ducharme.
200 CHRISTIAN
    Personnage de Christian Mistral dans *Vamp.*
201 CHRISTINE
    Personnage de Louis Hamelin dans *La Rage.*
WILLIAM
    Mari de Laetitia dans *La maison du Remous* de Nicole Houde.
202 BLUE JEANS
    Personnage de Christian Mistral dans *Vamp.*
205 GHISLAINE
    Personnage de Nicole Houde dans *La maison du Remous.*
ANTOINE
    Personnage d'André Major dans *L'hiver au cœur.*
206 HUGUETTE
    Personnage d'André Major dans *L'hiver au cœur.*
MERLIN L'ENCHANTEUR
    Personnage mythique des romans de chevalerie de la Table ronde.
208 VIRGINIE
    Personnage de la mère dans *L'Héritage* de Victor-Lévy Beaulieu.
210 AGAGUK
    Personnage et roman du même nom d'Yves Thériault.
DUCHESSE DE LANGEAIS
    Personnage de Michel Tremblay.
JOHNNY BUNGALOW
    Personnage et roman du même nom de Paul Villeneuve.
MONSIEUR ÉMILE
    Personnage de l'enfant dans *Le Matou* d'Yves Beauchemin.
215 MÉMÈRE
    Mère de l'écrivain Jack Kérouac.
221 CAMILLE PAGLIA
    Néo-féministe américaine.
MADONNA
    Chanteuse américaine.
MARC CHABOT
    Écrivain et philosophe québécois auteur de plusieurs ouvrages.

TABLE DES MATIÈRES

11 L'homme blessé

19 Le retour du salaud

37 La voleuse d'âme

53 Les trois tantes

63 L'homme de tous les échecs

85 L'enfant effarouché du monde

109 Le héros tranquille

119 La mort dans les mains

131 Le réflexe d'Adam

143 La femme cachée de l'Histoire

161 Le lecteur clandestin

179 L'homme de papier

213 L'homme clandestin

231 Bibliographie

235 Index des noms cités

Cet ouvrage, composé en PALATINO 11/15,
a été achevé d'imprimer à Boucherville, sur les presses
de Marie-Josée, Nathalie et Marc Veilleux,
en janvier mil neuf cent quatre-vingt-seize.